幼儿传承上海方言文化教育资料包

《幼儿传承上海方言文化教育资料包》编委会

编委会成员单位

上海市语言文字水平测试中心

上海教育报刊总社

审核组成员

组　　长：颜慧芬

副组长：王静怡　赵玉平

成　　员：陈忠敏　刘民刚　钱乃荣（按音序排列）

编写组成员

主　　编：王静怡　赵玉平

副主编：乔丽华　姜丽军　茅红美

成　　员：陈丹卿　蒋冰冰　蒋伟伟　吴斐儿　朱贞淼（按音序排列）

上海教育出版社
SHANGHAI EDUCATIONAL
PUBLISHING HOUSE

U0603236

图书在版编目（CIP）数据

幼儿传承上海方言文化教育资料包 /《幼儿传承上海方言文化教育资料包》编写组编写. — 上海：上海教育出版社，2020.10
ISBN 978-7-5720-0410-0

Ⅰ.①幼… Ⅱ.①幼… Ⅲ.①吴语 - 方言 - 上海 - 学前教育 - 教学参考资料 Ⅳ.①G613.2

中国版本图书馆CIP数据核字(2020)第204966号

责任编辑　管　倚
美术编辑　赖玟伊
封面插图　马马洋
封面设计　赖玟伊
插　　图　安纾仪　抱抱小枕头　丁　两　付博文　韩燕宁　黎　婵　暖暖糖
　　　　　任荣炼　窝窝小布丁　吴文意　王　岩　　一颗小星星　银连铜
图片来源　秦　芃　视觉中国　摄图网

幼儿传承上海方言文化教育资料包
《幼儿传承上海方言文化教育资料包》编写组　编写

出版发行　上海教育出版社有限公司
官　　网　www.seph.com.cn
地　　址　上海市永福路123号
邮　　编　200031
印　　刷　上海锦佳印刷有限公司
开　　本　889×1194　1/16　印张8
字　　数　200千字
版　　次　2020年10月第1版
印　　次　2020年10月第1次印刷
书　　号　ISBN 978-7-5720-0410-0/G·0302
定　　价　59.80元

如发现质量问题，读者可向本社调换　电话：021-64377165

序

中共中央办公厅、国务院办公厅在《关于实施中华优秀传统文化传承发展工程的意见》中强调：中华优秀传统文化的传承发展要"贯穿国民教育始终"，明确提出"以幼儿、小学、中学教材为重点，构建中华文化课程和教材体系"。

上海地方文化是中华传统文化的重要组成部分。为贯彻落实国家和教育部有关文件精神，把优秀传统文化融入上海幼儿园学习和生活体验中，推进上海优秀传统文化教育进幼儿园，让传统文化的种子在孩子们心中生根发芽，在上海市教育委员会指导下，上海市语言文字水平测试中心联合上海社会各界专家资源，立足上海方言文化特色，组织编写了这本《幼儿传承上海方言文化教育资料包》。

本书以文字、图画、音频和视频的形式，展现上海方言文化中的语音、词汇、句子、故事等，并在反映上海红色文化、海派文化、江南文化的体验中加以运用，以童诗、童谣、童话故事、绘本剧表演、游戏扮演、课程案例等多种形式呈现，丰富幼儿园传统文化教育中的表现手段和学习方式。

同时，本书将上海地方传统文化和上海方言紧密结合在一起，图文并茂、声像结合，采用纸质载体和新媒体相结合的阅读形式，融教育性、可读性、互动性和资料拓展性为一体。

上海是一个国际大都市。我们如何在当今的环境下，让孩子在学好普通话，掌握一门外语的基础上，会说上海话，让孩子从小在多元文化人群中，更快、更好地融入独特的上海文化，本书在上海方言文化教育方面作了积极探索，对上海的幼儿园开展传统文化教育，特别是上海方言教育非常实用，对于指导上海幼儿园中青年教师、家长和小朋友学习上海方言文化也十分有价值。

2020 年 7 月

目录

沟通基础

文化视野

上海

综合活动

后记

沟通基础

上海话，是吴方言区中十分重要的城市方言之一。吴方言以上海话为代表。

发音训练

上海话声母

基础知识

[p]	[pʰ]	[b]	[m]	[f]	[v]
布帮北	怕胖劈	步盆拔	美闷梅门	飞粉福	扶奉服

[t]	[tʰ]	[d]	[n]		[l]
胆懂德	透听铁	地动夺	拿囡内男		拉拎赖领

[ts]	[tsʰ]			[s]	[z]
煮增质	处仓出			书松色	树从石

[tɕ]	[tɕʰ]	[dʑ]	[ɲ]	[ɕ]	[ʑ]
举精脚	丘轻切	旗群剧	粘扭泥牛	修勋血	徐秦绝

[k]	[kʰ]	[g]	[ŋ]	[h]	[ɦ]
干公夹	开垦扩	葵共轧	砑我外鹅	花荒忽	鞋移胡雨

[∅]
鸭衣乌迂

说明:方括号里的字母表示的是国际音标。"∅"表示零声母;符号"ʰ"表示该声母送气,置于音标的右上方。

2

游戏活动室

1. 请你跟我这样读

扫一扫下面的二维码，跟着读音大声说。

鞋子　　　　公鸡　　　　书本　　　　树林　　　　鹅毛　　　　彩旗

2. 我来说，你来做

请小朋友根据读音，做出相应的动作。

鸭

小鸭子走路摇啊摇。

扶

妹妹把瓶子扶起来。

举

请把你的右手举起来。

切

妈妈把西瓜一切二。

听

小朋友们排排坐，听故事。

快乐亲子时光

小朋友，我们回家和爸爸妈妈一起做一做吧！

扫一扫　读一读

3

上海话韵母

基础知识

[ɿ]	[i]	[u]	[y]
知次住	基线米	波歌做	居女羽

[ɑ]	[iɑ̃]	[uɑ̃]	
党放忙	旺	广狂况	

[a]	[ia]	[ua]	
太柴鞋	野写亚	怪坏娃	

[ən]	[in]	[uən]	[yn]
奋登论	紧灵人	困魂温	均云训

[ɔ]	[iɔ]		
宝朝高	条蕉摇		

[oŋ]	[ioŋ]		
翁虫风	穷荣浓		

[o]			
花模蛇			

[aʔ]	[iaʔ]	[uaʔ]	
辣麦客	药脚略	挖划刮	

[ɤ]	[iɤ]		
斗丑狗	流尤休		

[oʔ]	[ioʔ]		
北郭目	肉浴玉		

[e]	[ie]	[ue]	
雷煤办	廿械也	回贯弯	

[əʔ]		[uəʔ]	
舌色割		活扩骨	

[ø]	[uø]	[yø]	
干最乱	官欢缓	软园权	

[iɪʔ]		[yɪʔ]	
笔亦吃		血缺悦	

[ã]	[iã]	[uã]	
冷长硬	良象阳	横光~火	

əl	m̩	ŋ̍	n̩
而尔耳	姆呒~没	□~奶	五鱼午端~

说明：汉字底下划双横线的表示文读音，划单横线的表示白读音；韵母 əl 只在书面语或文读音中出现；三个鼻音标小短竖"ı"表示自成音节；写不出本字用"□"表示；用"~"组词。

扫一扫　读一读

4

游戏活动室

1. 请你跟我这样读

扫一扫下面的二维码，跟着音频大声说。

唱歌	哥哥	鲜花	模仿	肉粽	玉石
雷雨	羽毛	光线	横道线	端午节	鱼干片

2. 我来说，你来做

请小朋友根据读音，用手指着图片大声说。

青蛇	茶叶	白头翁	白头发
凳子	阿姨	电风扇	电吹风

快乐亲子时光

　　小朋友，你的爸爸妈妈会说上海话吗？如果不会，就请你当小老师，回家教教他们吧！

扫一扫　读一读

5

上海话声调

基础知识

调类	调值	例字
阴平	52	江 天 飞 高 心 书
阴去	34	懂 好 土 对 去 太
阳去	23	来 同 有 稻 外 大（注：大家的"大"）
阴入	<u>5</u>	笃 各 脱 出 黑 级
阳入	<u>12</u>	六 学 白 石 木 极

说明：用五度数码表示音高调值的高低，5 最高，1 最低。如 53 表示从最高降到中间。13 表示从最低升到中间。数码下有单横线表示短促。

游戏活动室

我会用上海话说

请小朋友指着下面这些词，大声地用上海话念一念。

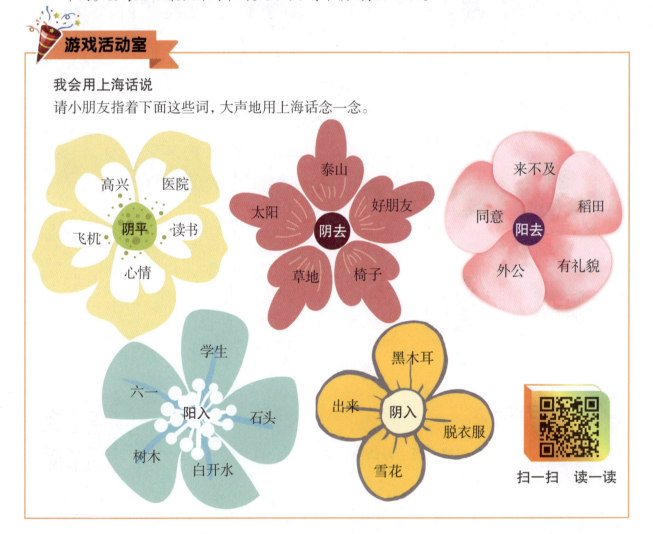

阴平：高兴 医院 飞机 读书 心情

阴去：泰山 太阳 好朋友 草地 椅子

阳去：来不及 同意 稻田 外公 有礼貌

阳入：学生 六一 石头 树木 白开水

阴入：黑木耳 出来 脱衣服 雪花

扫一扫 读一读

游戏活动室

1. 请你跟我这样读

小朋友，请你跟着大声读。

| 鸭 | 鹅 | 屋 | 嗯 | 沙 | 茶 |
| 手 | 寿 | 拜 | 排 | 鸡 | 棋 |

2. 我来说，你来念

小朋友，你听到了什么？请指着图片大声念。

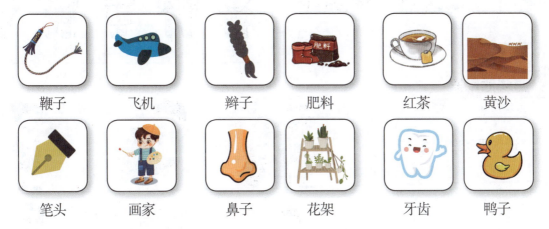

| 鞭子 | 飞机 | 辫子 | 肥料 | 红茶 | 黄沙 |
| 笔头 | 画家 | 鼻子 | 花架 | 牙齿 | 鸭子 |

快乐亲子时光

今天图片很多哦，回家和爸爸妈妈再一起读一读吧！相信你一定能行。

扫一扫　读一读

常用词汇

小朋友，你刚刚说的上海话发音非常好，接下来我们一起说说上海话的常用词汇吧！

我来做妈妈/爸爸

我来做姆妈/爸爸

姆妈/爸爸勿勒辣，
我来做姆妈/爸爸。
碗盏汏清爽，
台子揩清爽。　　勿勒辣：沪语，不在。
姆妈/爸爸回来了，　　汏清爽：沪语，洗干净。
叫我好宝宝。　　揩清爽：沪语，擦干净。

称谓				
我	爸爸	妈妈	外公	外婆

🎉 游戏活动室

请你跟我这样读

教师可以指导小朋友更换称谓和职业，反复练习。

我的_____（称谓）是
_____（职业）。

 警察　　 司机　　 老师

 理发师　　 消防员　　 医生

说明：上海是一个国际大都市，因此对于亲属的称谓，尤其是爷爷奶奶的称谓比较多样化。大家可以按照自己的家庭习惯来称谓。

扫一扫　读一读

啊呜啊呜，真好吃

西瓜　草莓　梨　葡萄　猕猴桃

香蕉　橘子　菠萝　苹果　荔枝

大饼　油条　粢饭　小笼　豆浆

春卷　青团　烧卖　酒酿圆子　葱油饼

游戏活动室

啊呜啊呜，真好吃

1. 教师有节奏且打乱秩序报出上文中的词语，小朋友发出"啊呜"的声音。

2. 为增加游戏的趣味性，教师可以故意在中间插入几个不能吃的物品名称，小朋友要说"不对"。

3. 教师要注意变换节奏。如果教师报出不能吃的物品的名称，有小朋友发出"啊呜"声，该小朋友就要"受罚"了。

快乐亲子时光

小朋友，回家后和爸爸妈妈一起来做这个游戏哦！

扫一扫　读一读

五颜六色真漂亮

大自然中的颜色丰富多彩，红色、蓝色、黄色、紫色……真是漂亮！今天，我们用上海话来讲讲颜色，一起来读一读吧。

● 红色	● 黄色	● 紫色
● 橘黄色	● 粉红色	
○ 白色	● 绿色	● 黑色
● 咖啡色	● 浅蓝色	

游戏活动室

一口气说颜色

教师一次请四位小朋友上台来表演，比比谁说的颜色多。

快乐亲子时光

小朋友家里一定有不少图书吧，拿出一本书，认一认书本上的各种颜色，并用上海话大声说一说。是不是多了一种看书的体验？

扫一扫　读一读

一二三，数动物

到动物园去看动物，是小朋友最喜欢的活动。在动物园，你会不会去数有多少只老虎，多少只猴子？

几只脚

小鸭子，两只脚，
小鸡小鸟两只脚。
大黄牛，四只脚，
小猫小狗四只脚，
老虎狮子四只脚。
小小蜻蜓六只脚，
大闸蟹，八只脚，
蛇搭蚯蚓呒没脚。

搭：沪语，和。

呒没：沪语，没有。

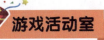 **游戏活动室**

1. 请你跟我这样读

右面的图片中有哪些动物？它们各有多少呢？看谁数得又快又准确！

两只老鼠、三匹马、两头狮子、三只鸭子、六只羊、一头大象、九只鸟、七只鸡、一头老虎。

2. 小朋友们赛一赛

小朋友之间可以比一比，赛一赛，看谁上海话说得好。

快乐亲子时光

周末到了，请爸爸妈妈带你去上海动物园或上海野生动物园游玩，去看看我们的动物朋友，顺便用上海话说说它们的名字，再数数它们分别有多少只脚吧！

扫一扫　读一读

11

认识身体

幼儿园里每个小朋友都带着一个娃娃，为什么大家今天都带着娃娃呀？原来，今天老师要教小朋友唱《五官歌》呢！

五官歌

面孔浪向有五官，
五官是我好朋友。
眼睛可以看物事，
鼻头可以闻味道。
耳朵可以听声音，
嘴巴可以吃物事。
人个五官用场大，
侪是我个好朋友。

浪向：沪语，上。
物事：沪语，东西。
鼻头：沪语，鼻子。
个：沪语，的。
侪：沪语，都。

游戏活动室

1. 请你跟我这样读

我们人体可分为几个部分，我们一起来读一读。
头：面孔、头发、眉毛、眼睛、鼻子、嘴巴、耳朵、牙齿、舌头
颈：脖子
躯干：胸脯、肚子
四肢：手臂、手、手指头、大腿、小腿、脚、脚趾头

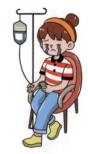

2. 我来讲一讲

如果我们感到身体不舒服，想要看医生，用上海话怎么讲呢？
头痛、发烧、咳嗽、喉咙痛、感冒、打喷嚏、肚子痛、看医生、打针、吃药、输液……

扫一扫　读一读

我们的幼儿园

图片里有什么?
你会用上海话讲吗?

幼儿园

操场

滑梯

积木

水龙头　马桶
厕所

垃圾桶

靠背椅

被子
床

玩具

图画书

游戏活动室

1. 请你跟我这样读
教室、书、本子、毛笔、铅笔、橡皮、尺
操场上有滑梯。
吃饭前要洗手。
水龙头要关紧。

2. 我来指,你来说
教师借助现有道具,指着一个道具让小朋友说出它的名称。
请两个小朋友轮流说,再请一个小朋友当小裁判。每说三个词为一组,一组说完,换人再说。

快乐亲子时光

用上海话告诉爸爸妈妈幼儿园里有什么。

扫一扫　读一读

13

交通工具

上海是个大城市，我们要从东面的浦东机场到西面的虹桥机场，从南面的金山区、奉贤区到北面的嘉定区、宝山区，有多种交通工具可以选择。

念一念下面这首童谣，你发现里面有几种交通工具？

过江歌

爷爷奶奶小辰光，
过江乘个是小木船。
爸爸妈妈小辰光，
过江乘个是摆渡船。
现在上海大变样，
过江办法交关多。
有大桥，有地铁，
还有隧道江底钻。

小辰光：沪语，小时候。
个：沪语，的。
交关：沪语，非常。

游戏活动室

1. 请你跟我这样读

公交车　　地铁　　面包车　　出租车　　大卡车　　火车　　飞机　　自行车

2. 说一说你与车的故事

教师请小朋友们举手发言，说说自己乘坐交通工具时发生的故事。

快乐亲子时光

1. 小朋友教爸爸妈妈念童谣《过江歌》。
2. 小朋友与爸爸妈妈一起用上海话读一读学到的交通工具的名称。

扫一扫　读一读

14

睡觉喽

穿衣服、脱鞋、吃饭、上厕所……生活中的这些事,我们每天都在做,作家将它们创作成童谣。我们一起来念一念。

瞓觉喽

瞓觉喽,瞓觉喽,
宝宝快点来瞓觉。
脱衣裳,脱裤子,
轻轻钻进被头洞。
小枕头,小被头,
侪是我个好朋友。

瞓觉:沪语,睡觉。

被头洞:沪语,被窝。

被头:沪语,被子。

侪:沪语,都。

游戏活动室

1. 请你跟我这样读
除了睡觉,我们还会做些什么?

2. 我来说,你来念
教师根据童谣内容,配上适当的动作,边念边演。小朋友练习熟练后,可以组队表演。

喝茶

洗手

擦桌子

拖地

洗衣服

快乐亲子时光

今天说的这些词语,大多数是小朋友力所能及的事。说得好不如做得好,请你回家把这些事情都做一遍吧!

扫一扫 读一读

基本句式

小朋友，前面我们练习了那么多发音，学了那么多词汇，你们是不是很想把它们连成一句完整的话？下面我们就来学学上海话的日常会话吧！

介绍我自己

❀ ——大家好，我叫＿＿＿＿＿＿（名字）。
　——我今年＿＿＿＿＿＿（数字）岁了。
　　我属＿＿＿＿＿＿（生肖）。

❀ ——我上幼儿园＿＿＿＿＿＿班。
　——我每天＿＿＿＿＿＿点钟起床，晚上＿＿＿＿＿＿点钟睡觉。

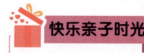

游戏活动室

说说我自己
教师请小朋友面对全班，用上海话作自我介绍。

快乐亲子时光

小朋友，你会介绍你自己了吗？快回家给爸爸妈妈讲一遍吧！

扫一扫　读一读

我问你答

❀ ——哪种水果最好吃？

   —— _____最好吃！

❀ —— _____（食物）和_____（食物），你喜欢哪一个？

   ——我喜欢_____。

❀ ——你最喜欢什么颜色？

   ——我喜欢_____色。

 游戏活动室

问答接龙

教师借助食物和颜色卡片对小朋友进行提问，小朋友快速回答后，教师可给予小朋友一个小小的奖励。

快乐亲子时光

小朋友，快回家向爸爸妈妈提问吧！

扫一扫　读一读

天南地北来聊天

——你的生日是几月几日?
——我的生日是＿＿＿＿年＿＿＿＿月＿＿＿＿日。你呢?
——我比你大 / 小，我的生日是＿＿＿＿年＿＿＿＿月＿＿＿＿日。

——你会＿＿＿＿＿＿＿＿（某项运动）吗?
——我会的。/ 我不会。

——你长大了想做老师吗?
——我长大了想当＿＿＿＿（职业）!

游戏活动室

打电话

教师每次请两位小朋友上台，小朋友们面对面坐下，教师引导他们围绕上面的对话，用上海话聊天。

快乐亲子时光

小朋友，快回家与爸爸妈妈一起用上海话聊天吧!

扫一扫　读一读

问路

❀
—请问到_____（医院）怎么走？
—你可以乘_____（交通工具）。

❀
—你生病了吗？
—嗯，我生病了，_____（身体部位）痛。

游戏活动室

角色扮演

教师每次请三位小朋友上讲台，一人扮演地铁站的工作人员，另外两人扮演刚刚从上海虹桥火车站出来的父子。爸爸想带儿子去迪士尼乐园，但他不知道怎么乘坐公共交通，他试着用上海话问地铁站工作人员。

快乐亲子时光

小朋友，请你当一回"小老师"，教教爸爸妈妈这段对话吧！也可以问问去人民公园、东方明珠怎么乘坐公共交通哦！

扫一扫　读一读

介绍我的家

 ——你家有几个人？
　　——我家有＿＿＿＿个人，他们
　　是＿＿＿＿＿＿＿，还有
　　＿＿＿＿＿＿＿＿（称谓）。

 ——你家有几个房间？
　　——我家有＿＿（数字）个房间，
　　有＿＿＿＿，有＿＿＿＿，
　　有＿＿＿＿，还有一个书房。

 ——这是我的房间，里面有
　　＿＿＿＿＿、＿＿＿＿＿和
　　＿＿＿＿＿。

游戏活动室

介绍我的家

　　教师将小朋友两两分组，互相介绍自己的家，最后请举手的小朋友上台表演。表演结束后，教师可以给予小朋友一个小小的奖励。

快乐亲子时光

　　小朋友，请你在家里用上海话向爸爸妈妈介绍一下"我的家"，或者用上海话介绍一下自己的幼儿园。

扫一扫　读一读

好儿童懂礼貌

 ——你头上的_____（头饰）真好看！
——谢谢你！这是妈妈送给我的_____礼物。

——你的_____（头饰）能给我看看吗？
——好的，给！
——谢谢！

游戏活动室

我来抢答

根据右表，教师说左侧格子内的上句，看看小朋友能否根据意思说相应的下句。

对不起	不要紧
谢谢你	不用谢
不好意思	没关系

 快乐亲子时光

小朋友，无论在哪里我们都不能忘记礼貌用语哦，回家和爸爸妈妈玩一玩这个游戏吧！

扫一扫　读一读

21

情景对话

幼儿园里有爱我们的老师，有一起玩耍的小伙伴，还有好多玩具。我们小手拉小手，一起去幼儿园喽！

早上好

我们还可以这样说 ✔

1. 早上好！今天你主动和老师打招呼，真是一个有礼貌的孩子！
2. 早上好，今天你是自己走进教室的，真棒！
3. 哟，今天你笑得真好看，有什么高兴的事？

扫一扫 读一读

游戏活动室

教师可以在教室门口安排几位小朋友模仿幼儿园门口的场景，让孩子们分别扮演教师、小朋友、家长等不同的角色，练习进园打招呼。

快乐亲子时光

妈妈当小朋友，爸爸当家长，小朋友当老师，我们在家也可以演一演哦！

吃点心

① 宝贝们，我们要去吃点心啦，看看今天吃什么呀？

② 是啊。当心，自己夹，自己的事情要自己做。

有好吃的巧克力饼干呢！

③ 每个小朋友吃三块饼干，要数清楚哦。

老师，一个人可以吃几块饼干？

1、2、3……

④ 吃好了不要忘记擦擦小嘴巴。

哈哈，我不要做黑胡子老爷爷。

我们还可以这样说 ✓

1. 你最喜欢吃甜甜的东西了，对吗？

2. 咕嘟咕嘟喝牛奶，热热的牛奶钻进小肚子里，舒不舒服呀？

3. 咦，你的小嘴唇上都有白胡子啦，快去拿毛巾擦擦嘴吧。

4. 小手紧紧地握住杯子的小耳朵，这样牛奶才不会翻掉！

5. 吃点心的时候小脚要放放好。身体转来转去，小饼干们可是会逃走的噢。

游戏活动室

教师可以根据前面学过的食物名称、颜色、数量等词语，设计多种形式的沪语对话。小朋友顺利完成任务，教师可以给予奖励哦。

——宝贝们，看看今天点心吃什么呀？

——是好吃的香蕉！

——香蕉是什么颜色的呀？

——黄色的。

——宝贝们，我们自己来剥香蕉皮，自己的事情要自己做。

——自己的事情要自己做（小朋友一起说）。

扫一扫　读一读

23

做运动

① 我们运动前第一件事是做什么呢？

要热身！

② 小朋友们，跟着老师一起动动身体吧！

一二三四，二二三四……

③ 你们感觉身体热起来了吗？

有点热啦。

④ 等会儿运动的时候，要保护自己，安全第一哦。

好！一二三，我们一起来运动。

我们还可以这样说

1. 你们的力气可真大，小手都举得高高的，真像一个个小士兵！
2. 你真勇敢！爬得真快！
3. 你是不是有点害怕呀？不用担心，我陪着你一起试一试。
4. 宝贝们，口渴了要记得喝水哦！
5. 现在深深地吸一口气，和老师一起慢慢地放松下来。

游戏活动室

火车，火车要开啦！

——呜呜呜，我们的火车要开啦！小朋友们准备好了吗？快上车。

——宝贝们，我们的火车要开到哪里去呀？

——开到操场上。

——开到操场上做什么？

——我们来做兔子跳。

——一二三，跳得高；一二三，跳得远。

扫一扫 读一读

喝水

刚刚在操场上"小兔子们"跳得可欢啦！现在"小兔子们"口渴了，想喝水。

我们还可以这样说 ✓

1. 我们要去喝水啦，排好队，一排一排去。
2. 队伍排整齐，不要挤。
3. 喝多少倒多少。
4. 倒好水的小朋友靠边走，当心别洒出来哦。
5. 记得喝好水要插牌子哦！

游戏活动室

小兔小兔请喝茶

教师设计一个场景（如生日会喝下午茶），请一位小朋友负责招待，倒水给朋友们喝，看看他做得如何。

可以设计以下对话：

——请你来说一说，你今天是谁？做了些什么事情呢？

——××给客人倒茶水时，做得好不好？

——你能和××一样热情地招待客人吗？

快乐亲子时光

爸爸妈妈回家了，小朋友主动倒一杯水请爸爸妈妈喝。可以边做边唱歌曲《好妈妈》。

扫一扫　读一读

洗手

小朋友们，我们上好厕所，穿好衣裤，还要做什么？对了，洗手！小手怎么洗？

宝贝，洗手之前先要做什么准备呀？

①

说得真好！袖口卷一卷就不会弄湿了。

长袖变短袖。

②

老师，我记得洗手的方法！

③

洗手的时候不要玩泡泡，要节约用水哦！

好的！

④

我们还可以这样说 ✓

1. 袖子拉拉高，小心不要弄湿衣服哦。
2. 要是自己拉不好袖子，可以请老师帮忙。

游戏活动室

请你试着说一说。

汏手歌

汏汏小手，挤挤泡泡，
搓一搓，搓一搓，
搓一搓再搓一搓，
冲冲小手，
哇！干净啦！

汏：沪语，洗。

快乐亲子时光

小朋友可以回家当一回监督员，看看爸爸妈妈回家做的第一件事是不是洗手，他们做得好不好。

扫一扫　读一读

吃饭

小手洗干净，吃饭时间到了。我们一起去吃饭喽！

我们还可以这样说 ✓

1. 汤不要倒在饭里。
2. 我们吃饭时不要讲话，要专心吃哦。
3. 大家觉得今天的饭菜好吃吗？

游戏活动室

小熊请客

小熊成成的生日到了，它请了几个好朋友来家里吃饭。看看小熊准备得怎么样了？

—— 小熊成成准备了哪些东西？

—— 哪些是给小狗汪汪（小兔米米／长颈鹿奇奇）准备的？

—— 小狗汪汪还没洗手。谁带它去洗洗呀？

—— 洗手液不要忘记用，一定要搓出小泡泡。

扫一扫　读一读

汪汪

米米

成成

奇奇

睡觉

　　吃完午饭是小朋友们的自由活动时间，可以请宝宝们坐在小椅子上，玩些安静的游戏，比如看看图画书等。

① 小朋友们，我们要午睡了。

② 排好队，一二一二睡觉去。

③ 先脱鞋子，再脱裤子，钻进被子脱衣服。

④ 脱一件叠一件，整理完后放脚跟。

我们还可以这样说

1. 不要站在床上脱衣服，很危险哦。
2. 被子盖盖牢，睡个好觉觉。

扫一扫　读一读

 游戏活动室

请你试着说一说。

叠裤子

小裤子，摆摆好，
两条腿变一条腿，
裤腰再去找裤脚。

叠衣服

衣服小宝宝，
快快来睡觉，
左手抱一抱，
右手抱一抱，
再来弯弯腰。

快乐亲子时光

晚上睡觉前，小朋友可以用在幼儿园里学到的好方法练一练叠衣服。请爸爸妈妈给宝宝一个大大的拥抱哦！

说再见

一天的幼儿园生活很快结束了，小朋友要和老师说再见了。小朋友们该怎样做呢？

我们还可以这样说

1. 叫到名字的小朋友才能离开，没有叫到的小朋友不要着急，要耐心等待哦。

2. 回家后可以告诉爸爸妈妈今天在幼儿园里学到的新本领，你们也可以做小老师哦！

3. 见到爷爷奶奶、外公外婆要问好，知道了吗？

游戏活动室

学念《离园歌》。

离园歌

放学了，放学了，
小朋友们坐坐好。
教室里，不走动，
自己个物事拿拿好。
叫到名字走出门，
有顺有序不忙乱。
老师同伴互道别，
离开教室早回家，
幼儿园里少玩闹。

个：沪语，的。
物事：沪语，东西。

快乐亲子时光

请小朋友用上海话和爸爸妈妈说一说今天幼儿园里有趣的事。

扫一扫　读一读

童谣绕口令

"落雨喽！打烊喽！小八腊子开会喽！"唱着童谣，念着童诗，我们快快乐乐地长大。经典需要传承，优秀传统文化需要传播，让我们一起来唱唱有趣的沪语童谣，玩玩爸爸妈妈小时候的游戏吧。

卖糖粥

卖糖粥

笃笃笃，卖糖粥，
三斤蒲桃四斤壳。
吃侬肉，还侬壳，
张家老伯伯勒辣哦？
问侬讨只小花狗。
"侬来拣一只。"
"汪！汪！汪！"

糖粥：沪语，甜的粥，如八宝粥之类。
蒲桃：沪语，核桃。
勒辣：沪语，在。

扫一扫　读一读

小花狗

小花狗

一只小花狗，
眼睛骨溜溜，
坐辣门口头，
想吃肉骨头。

辣：沪语，在。

游戏活动室

1. 我会说，你听听

| 核桃 | 花生 | 糖 | 眼睛 | 肉骨头 | 馄饨 | 粥 | 面条 |

2. 做游戏"卖糖粥"

准备道具：木鱼、木鱼棒一组。

参加人数：7～8人。

游戏方法：

- 选一个小朋友演"张家老伯伯"，负责敲木鱼。另选一个小朋友负责挑"小花狗"。
- 其他小朋友演"小花狗"，排成一队（横队、竖队均可）。
- 游戏开始，大家跟着敲木鱼的节奏一起念童谣，念到"张家老伯伯勒辣哦？"全体停。
- 负责挑"小花狗"的小朋友大声说："问侬讨只小花狗。"
- "张家老伯伯"大声说："侬来拣一只。"
- 被挑到的"小花狗"大声说："汪！汪！汪！"
- 一轮游戏结束后，可接着玩第二轮。

快乐亲子时光

小朋友回家后，可以和小伙伴或爸爸妈妈一起玩"卖糖粥"的游戏。

扫一扫　读一读

31

摇到外婆桥

摇到外婆桥

摇啊摇，
摇到外婆桥，
外婆叫我好宝宝。
糖一包，果一包，
外婆买条鱼来烧。

头勿熟，尾巴焦，
盛辣碗里蹦蹦跳。
一跳跳到卖鱼桥，
宝宝乐得哈哈笑。

果：沪语，零食，一般指
　　花生果之类的零食。

勿：沪语，不。

辣：沪语，在。

扫一扫　读一读

喔唷哇

喔唷哇

喔唷哇!

做啥啦?

蚊子咬我呀!

快点上来呀!

上来做啥啦?

上来白相呀!

白相:沪语,玩。

游戏活动室

1. 我会说,你听听

玩

滑梯

跳绳

读书

看电视

画画

2. 做游戏

参加人数:两人。

游戏方法:

· 两人同时伸出手,手心向下。

· 一人用食指和拇指轻轻地捏住另一人的手背。另一人也用食指和拇指轻轻地捏住同伴的手背。两人两手交替互捏。

· 游戏开始,两人同时念童谣。当念到最后一句"上来白相呀",最下方的一只手就挣脱出来,放到最上面,捏住同伴的手背。

· 可以反复玩游戏。

快乐亲子时光

这个游戏比较简单,人数不宜多,两人或三人就可以了。不需要道具和场景,随时随地就可以约上小伙伴或爸爸妈妈一起玩。

扫一扫 读一读

讲文明的上海人

讲文明个上海人

阿拉侪是上海人，
大家侪要讲文明。
过马路，勿乱穿，
横道线，看得清。
红灯亮，停下来，
绿灯一亮开步走。
上海人，过马路，
讲究文明最重要。

个：沪语，的。
阿拉：沪语，我们。
侪：沪语，都。
勿：沪语，不。

扫一扫　读一读

34

小肥皂

小肥皂

小肥皂，香又香，
大家一道来汏手。
汏一汏，揩一揩，
小手清爽吃饭喽。

汏：沪语，洗。
揩：沪语，擦。
清爽：沪语，干净。

游戏活动室

1. 我会说，你听听

肥皂

洗手

让座

吃饭

喝茶

2. 情景表演

教师根据童谣内容，配上适当的动作，边念边演。

小朋友练习熟练后，可以组队表演。

快乐亲子时光

请爸爸妈妈留意一下，小朋友外出回家做的第一件事是不是洗手？如果孩子做对了，请爸爸妈妈及时给予孩子一个大大的拥抱哦！

扫一扫　读一读

有趣的菜名

有趣个菜名

阿拉侪是上海人，
上海闲话真好听。
菜场里向兜一圈，
各种菜名叫得清。
白菜叫作黄芽菜，
玉米叫作珍珠米。
莴苣叫作香莴笋，
土豆叫作洋山芋。
西红柿，叫番茄，
茄子茄子叫落苏。
还有交关好小菜，
大家侪来寻一寻。

个：沪语，的。
阿拉：沪语，我们。
侪：沪语，都。
闲话：沪语，话。
里向：沪语，里面。
交关：沪语，很多。

扫一扫　读一读

比尾巴

比尾巴

啥人尾巴长？
活狲尾巴长。
啥人尾巴短？
兔子尾巴短。
啥人尾巴像把扇？
孔雀尾巴像把扇。
啥人尾巴扁？
鸭子尾巴扁。
啥人尾巴弯？
公鸡尾巴弯。
啥人尾巴像把伞？
松鼠尾巴像把伞。

活狲：沪语，猴子。

游戏活动室

1. 我会说，你听听

青菜

冬瓜

白菜

胡萝卜

大熊猫

小乌龟

长颈鹿

猴子

2. 情景表演

　　教师根据童谣内容，配上适当的动作，边念边演。

　　小朋友练习熟练后，可以组队表演。

快乐亲子时光

　　晚上睡觉前，小朋友可以表演给爸爸妈妈看。爸爸妈妈别忘了及时给孩子点个赞哦！

扫一扫　读一读

37

老伯伯

老伯伯

从前有个老伯伯，
年纪活到八十八。
八月八号孛个一天，
早浪八点钟，
乘部八号线，
乘到八仙桥，
吃碗八宝饭，
铜钿用脱八块八角八分八厘八毫八。

孛个：沪语，这个。
早浪：沪语，早上。
铜钿：沪语，钱。
用脱：沪语，用掉。

游戏活动室

小朋友可以由慢到快反复练习这首童谣，最后上台表演，教师适时给予奖励。

快乐亲子时光

小朋友回家和爸爸妈妈比一比，看谁能把这首童谣念得又快又好。

扫一扫　读一读

高高山上一根藤

高高山浪一根藤

高高山浪一根藤，
藤条头浪挂铜铃。
风吹藤动铜铃动，
风停藤停铜铃停。

山浪：沪语，山上。
头浪：沪语，头上。

游戏活动室

小朋友可以由慢到快反复练习这首绕口令，最后上台表演，教师适时给予奖励。

快乐亲子时光

小朋友回家和爸爸妈妈比一比，看谁能把这首绕口令说得又快又好。

扫一扫　读一读

庙里的猫

庙里个猫

庙里一只猫，
庙外一只猫。
庙里猫要咬庙外猫，
庙外猫要咬庙里猫。
到底是庙里猫咬了庙外猫，
还是庙外猫咬了庙里猫？

个：沪语，的。

游戏活动室

"庙""猫"，可以先反复练习这两个字，熟练后，再放到句子中练习。

小朋友可以由慢到快反复练习这首绕口令，最后上台表演，教师适时给予奖励。

快乐亲子时光

小朋友回家和爸爸妈妈比一比，看谁能把这首绕口令说得又快又好。

扫一扫　读一读

吃橘子

吃橘子

吃橘子，剥橘壳，
橘壳掼辣壁角落。
到底是橘壳掼壁角，
还是壁角掼橘壳。

橘壳：沪语，橘子皮。
掼辣：沪语，扔在。
壁角落：沪语，墙角。

游戏活动室

小朋友可以由慢到快反复练习这首绕口令，最后上台表演，教师适时给予奖励。

快乐亲子时光

小朋友回家和爸爸妈妈比一比，看谁能把这首绕口令说得又快又好。

扫一扫 读一读

41

童诗童话

小朋友，我们学了好多上海话的词汇、句子，还有不少日常会话。你听得懂上海话了吗？在这一部分，我们就用上海话讲讲作家为我们创作的诗歌、故事和相声吧！

吃大包的故事

任溶溶

爷爷上茶楼，
孙子带头跑。
这个小孙子，
像只小饿猫。
爷爷一上来，
给他吃大包，
鸡球包，
叉烧包，
莲蓉包，
豆沙包。
小孙子这只小饿猫，
大口大口咬。
几个包子吃下去，
他的肚子饱又饱。

这时爷爷叫烧卖，
叫虾饺和墨鱼饺。
孙子连看也不看，
因为他饱得什么也吃不了。
回到家以后，
奶奶问他道：
"你可吃了什么好东西？"
他回回都说吃大包。
奶奶看看他爷爷，
爷爷奶奶哈哈笑。
爷爷和奶奶，
干吗哈哈笑？
请问小朋友，
你们可知道？

游戏活动室

数包子

这首童诗里说到了好多包子的名字。数一数，有哪几种包子？除了这些包子，你还知道有哪些包子？我们一起来说说。

荠菜肉包、香菇菜包、鲜肉大包、酸菜肉包、霉干菜肉包……

扫一扫 读一读

小熊的手套，螃蟹的家

张秋生

从前有个粗心的小胖熊。

他在海边玩的时候，把一只大大的连指手套掉在海边了。

小胖熊回到家才发现，手套只剩下一只了。

他急急忙忙地赶到海边，看见自己的手套正躺在海边的沙滩上，小胖熊连忙捡起手套，他把手往手套里一伸。可是没想到，手套里躲着一只小螃蟹，他使劲地钳了一下小胖熊的手指头。

说明：文中的"小螃蟹"一词，在音频中统一为"蟹宝宝"。

"哎呀！"小胖熊吓得扔下手套，哭了起来。

小螃蟹从手套里钻了出来，生气地说："你这个强盗，怎么抢走了我的房子！"

小胖熊也冒火了，他说："你这个小无赖，躲进我的手套里，瞧我不踩扁你！"

小螃蟹举起一对凶巴巴的钳子说："你来吧，瞧我不钳你的臭手！"

　　小胖熊和小螃蟹，他们谁也不肯让，一直吵到鼹鼠法官那里。
　　鼹鼠法官听了双方的申诉，他说："你们把当时的情形再表演一遍给我看。"
　　小胖熊和小螃蟹都说："可以。"

　　小胖熊的手套又被扔到了沙滩上，小螃蟹马上住了进去。
　　小胖熊去捡手套时，他问："有谁在里面吗？"
　　小螃蟹说："是我，这是我小螃蟹的家。"
　　小胖熊温和地说："对不起，小螃蟹，现在这里是你的家，可是不久以前，它是我的一只手套，瞧，我这里还有一只呢，没有了那一只，它们凑不成双，会很孤单的。"
　　小螃蟹说："那我就搬家吧，我还你手套。"

小胖熊谢谢小螃蟹还他手套；小螃蟹呢，也谢谢小熊，他刚才住在他的手套里真舒服。

鼹鼠法官问："小胖熊，小螃蟹，你们还打官司吗？"

"不了。"他们一起笑着回答，"我们现在成了好朋友了。"

游戏活动室

角色扮演

教师可以根据童话故事的内容准备一些道具，然后编排成童话剧，用上海话来表演。

小朋友们可以先一起练习，再分组、分角色来表演。

扫一扫　读一读

胖胖猪回老家

江楠

　　新年快到了，猪爸爸和猪妈妈赶在年前买了一辆新能源汽车。清晨，一缕阳光害羞地从窗外照进胖胖猪家。天气真好呀！

　　"胖胖猪，快起床了，今天我们要开新车回老家过年啦！"猪妈妈一边叫着，一边欢快地准备早餐。

　　"胖胖猪，快起床了，我们要赶到爷爷家吃年夜饭哦！"猪爸爸一边喊着，一边麻利地给汽车充电。

　　太阳暖暖地笑着，高挂在空中。汽车充满了电。胖胖猪也吃得肚子圆鼓鼓。

  "嘟嘟 —— 嘟嘟 ——"胖胖猪全家踏上了回老家的路。

  猪爸爸双手握着方向盘，他一会儿看前面，一会儿看两边，还常常看看中间的镜子。

  猪妈妈坐在猪爸爸旁边，她一会儿看路牌，一会儿看地图，车子从一条路转到另一条路，她还时不时提醒猪爸爸。

  胖胖猪坐在后排，开心地欣赏车窗外美丽的风景。

  路边的大树排成两行，挥动手臂，热情地为他们送行。远处的群山，慢慢地移动、变换，像一位位等待孩子们归家的慈祥老人。

太阳也好像要跟着胖胖猪一起回家，一路上很调皮，它一会儿趴在左边的车窗上，一会儿趴在右边的车窗上，最后它独自跑了，把胖胖猪一家远远地抛在了后面。

哈哈！太阳比他们还心急呢！

胖胖猪的心早已飞向路那头的山村老家，他似乎看到了猪爷爷、猪奶奶正站在老家门前，向他们招手。

 游戏活动室

过新年

过新年，吃年夜饭。胖胖猪一家去爷爷家吃年夜饭，你家的年夜饭摆在哪儿？小朋友，请你来说一说。

你的家乡在哪里？在家乡过新年和在上海过新年有什么不同的地方吗？

 快乐亲子时光

年夜饭也叫团圆饭，家家户户都办得非常丰盛。请你采访一下爸爸妈妈，你家的年夜饭是谁负责准备的？都有哪些菜？哪些菜是年年必备的？

用我们学过的上海话，给爸爸妈妈报报菜名。

扫一扫　读一读

团圆饭

杜正贵

圆，圆，
灯笼圆，
圆圆灯笼笑开颜。
圆，圆，
餐桌圆，
全家老少围一围。
围一围，
过新年，
乐乐呵呵大团圆，
一起来吃团圆饭。

说明：这首诗写的是年夜饭的场景，好热闹！读这首诗时，一定要快速，用高兴劲儿来读哦！

扫一扫　读一读

比赛

孙毅

哈哈：我们幼儿园真好玩。
嘻嘻：有什么好玩的呀？
哈哈：常常比赛。

嘻嘻：比赛什么呀？
哈哈：赛跑呀，跳远呀，比赛穿衣
　　　服看谁快呀！
嘻嘻：还比赛穿衣服？怎么比呀？
哈哈：有一天，老师在我们午睡快
　　　到点的时候，提早喊："小朋
　　　友们，快起来穿衣服，看谁
　　　穿得快！"

嘻嘻：你快起来穿呀！
哈哈：起来啦，我穿得最快！
嘻嘻：那你该得第一了。
哈哈：老师评我倒数第一！

嘻嘻：怎么啦？

哈哈：老师对我上上下下一检查，发现
我有一只脚穿了鞋子，没穿袜子。

嘻嘻：你性急，想穿得快，一只袜子忘
了穿了？

哈哈：我翻啊找啊，大家都帮我翻啊
找啊……

嘻嘻：找着了？

哈哈：没！

哈哈：晚上奶奶帮我洗脚，脱袜子……

嘻嘻：洗脚还要奶奶洗？

哈哈：一只袜子找不到啦！

嘻嘻：能在哪儿？

哈哈：奶奶给我脱下一只袜子，发现我
那只脚上还有一只袜子。

嘻嘻：哦，两只袜子，你都穿在一只脚
上啦？哈……

哈哈：嘻……

游戏活动室

我来说个有趣的事

这个小相声是不是很有趣？你的生活中有没有类似的事情
发生？请你用上海话跟大家说说吧！

扫一扫　读一读

好朋友

林焕彰

花是蝴蝶的好朋友，
她会请蝴蝶喝新鲜的花蜜。

风是雪的好朋友，
他会送云到处去旅行。

山是海的好朋友，
他会静静地陪着她。

我是你的好朋友，
你难过的时候，就想想我。

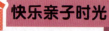 **快乐亲子时光**

　　这是一首美美的诗，物美，景美，语言美，特别是"你难过的时候，就想想我"，让人们的心感受到温馨的甜，浓浓的美。
　　爸爸妈妈可以和小朋友一起分别用普通话、上海话来朗读，感受语言的美。

扫一扫　读一读

54

好朋友的礼物总是有用

麦子

树林里有一株松树。
松树上，住着一只小松鼠。
松树下，住着一只小兔子。
松树上，结出了许许多多的松子。
松树下，长出了许许多多的蘑菇。
松鼠将松子送给兔子，
兔子将蘑菇送给松鼠。
可兔子不吃松子，
松鼠不吃蘑菇。
兔子将松子串成项链，
松鼠将蘑菇做成了水杯。
它们说："好朋友的礼物总是有用的！"

游戏活动室

我的礼物故事

"好朋友的礼物总是有用的！"多么温馨的一句话呀！小朋友们，你们肯定收到过不少礼物吧？你最喜欢哪件礼物？是谁送的？为什么喜欢它？跟大家说说吧！

快乐亲子时光

小朋友，请你试着用上海话，把《好朋友的礼物总是有用》说给爸爸妈妈听一听。

扫一扫　读一读

吃东西也要勇敢

任溶溶

其实咖喱不算辣，叔叔烧的川菜"麻婆豆腐"才真叫辣呢！土土吃了一口，头发都要竖起来了！

哎哟，这么辣！为什么大家还吃得那么开心啊？

想要吃辣，就得胆大！你越怕，就越觉得辣！

哈哈，真好吃。我再也不怕吃辣了！

土土渐渐发现原来有些好吃的东西，开始吃不惯，但只要勇敢地吃，就会吃出好味道来。

哎呀，他们真的太傻了。吃东西也要勇敢，就像我一样！大家都在吃，吃得津津有味，有什么可怕的！

土土看到有些同学挑食，这也不爱吃，那也不敢吃，错过了很多美食，觉得很可惜。

游戏活动室

我喜欢吃……

吃，是世界上最开心的一件事。不挑食，什么东西都吃，是不是很勇敢？

小朋友，把你想吃的食物都说一说，对了，用上海话讲哦！

快乐亲子时光

小朋友，考考你的爸爸妈妈：上海的早餐"四大金刚"，他们知道吗？

爸爸妈妈考考小朋友：爸爸妈妈的老家在哪里？那里有哪些好吃的？

扫一扫 读一读

57

太阳公公吃冰棍儿

胡木仁

佳佳要吃冰棍儿，妈妈买了一支。

佳佳吵着说："我要两支，我要两支！"妈妈只好又买了一支。

佳佳吃呀吃呀，吃完了一支，她看着另一支："呀，这支怎么也没了？"

佳佳想：谁吃了我的冰棍儿呢？

太阳公公笑嘻嘻地望着她……

游戏活动室

我喜欢吃冷饮

谁吃了佳佳的冰棍儿？你知道吗？

冰棍儿，上海话叫"棒冰"，是冷饮的一种。你还知道哪些冷饮的名字？请用上海话说一说。

扫一扫　读一读

红色印迹

中国共产党第一次全国代表大会会址纪念馆

上海是中国共产党的诞生地,是中国革命火种的点燃地。中国共产党第一次全国代表大会于 1921 年 7 月 23 日在兴业路 76 号(原望志路 106 号)召开。

中国共产党第二次全国代表大会于 1922 年 7 月 16 日在上海老成都北路 7 弄 30 号(原南成都路辅德里 625 号)召开。

中共二大会址纪念馆

演一演

妈妈，这是"一大会址"吗？

是的，这里是中国共产党的诞生地。

"没有共产党就没有新中国……"

我们今天的幸福生活是烈士们用鲜血和生命换来的。

说一说

摇篮曲

摇摇摇，摇摇摇，
小宝宝，快睏觉，
明朝带侬去看操。
芦柴马，竹片刀，
将军年纪小，
昂首志气高。
摇摇摇，摇摇摇，

小宝宝，快睏觉，
明朝带侬去看操。
买梨梨，买枣枣，
买了多多少，
送拨小将军作慰劳。
唔，唔，唔，
小宝宝，快睏觉。

睏觉：沪语，睡觉。　　芦柴：沪语，芦苇。
明朝：沪语，明天。　　送拨：沪语，送给。

扫一扫　读一读

61

新渔阳里曾是中国社会主义青年团中央机关所在地。1920年8月22日，上海社会主义青年团在新渔阳里成立。1921年初，中国社会主义青年团成立后，这里成为团中央机关所在地。很多优秀的青年从这里走出去，投身中国革命。

中国社会主义青年团中央机关旧址纪念馆

《新青年》是20世纪20年代中国一份具有影响力的革命杂志，创办者是陈独秀。1920年，编辑部迁入上海南昌路100弄2号。十月革命后，《新青年》吹响了"五四运动"的号角，成为宣传马克思主义、宣传反帝反封建思想的阵地。很多青年受此鼓舞，走上了革命的道路。

《新青年》编辑部旧址

说一说

木头人

三、三、三，
山浪有个木头人，
勿许讲话，勿许动！
本来要打千千万万记，
现在辰光来勿及，
马马虎虎打十记。
一、二、三、四、五，
六、七、八、九、十。
打了十记还勿够，
还要打三记。
一、二、三。

山浪：沪语，山上。
勿：沪语，不。
辰光：沪语，时间。

小游戏

一人领唱前三句后停顿，其他小朋友各自设计好动作，一动不动定格当"木头人"。谁先动了，受罚打十下手心，被挠胳肢窝。

扫一扫　读一读

演一演

钟南山爷爷说："这世界属于青年，就让青年改变世界！"

长江后浪推前浪！青出于蓝胜于蓝！

今日，我们要做新时代的好孩子！

明天，我们要做新时代的好青年！

黄浦剧场

　　黄浦剧场原名金城大戏院。由田汉作词、聂耳作曲的《义勇军进行曲》,作为影片《风云儿女》的主题歌在此唱响并迅速传播。后来,周恩来总理提议此处改为黄浦剧场,并为剧场题名。

上海四行仓库抗战纪念馆

　　苏州河畔光复路 21 号,原系北方四银行仓库。1937 年"八一三"淞沪抗战爆发,爱国将领谢晋元率"八百壮士"在这里顽强抵抗日本侵略军,浴血奋战。他们可歌可泣的事迹,在中国抗战史上留下了光辉的一页。

演一演

今天是十月赛歌会！我和妹妹先来唱一首《歌唱祖国》。

"五星红旗迎风飘扬！胜利歌声多么响亮！"

"歌唱我们亲爱的祖国，从今走向繁荣富强。"

我们一起来唱国歌！

说一说

马儿马儿真正好

嘟嘟嘟，嘟嘟嘟，
马来了，马来了。
马儿跑，马儿跑，
马儿马儿真正好。
骑着马儿一路吹军号，
马儿马儿真正好。

扫一扫　读一读

小游戏

小朋友一只手时而作吹号状，时而挥刀，时而扬鞭，一只手执竹竿骑胯下，一边跑一边唱。

节日风俗

元宵节
（豫园灯会）

正月十五元宵节前后，是庆祝元宵节，举办豫园灯会的日子。各家店铺纷纷挂起各式彩灯和灯谜，供游客观赏。大街上还有"文灯"和"武灯"表演，把节日气氛烘托到高潮。

上海桃花节

上海旅游节以"走进美好与欢乐"为主题，集中展现了上海四季都市风光、都市文化和都市人文的无穷魅力，上海各个区的节庆活动也丰富多彩，各具特色。上海旅游节的传统节目——花车巡游深受广大市民喜爱。

上海旅游节

上海人赏桃花的习惯由来已久，南汇是赏桃花的好地方。每年3月至4月在南汇举办的上海桃花节，成为上海人春游赏花、踏青的热门景点。每年这个时候，人们和家人朋友欣赏桃花、游玩拍照，桃花朵朵盛开，煞是好看。

演一演

我最喜欢猜灯谜！

我最喜欢赏桃花！

今天你们俩玩得开心吗？

开心！

说一说

中国节日

"过年"有得压岁钿——开心唻；
"元宵"要拉兔子灯——好白相；
"清明"阿拉吃青团——春天到；
"端午"外婆裹粽子——真好吃；
"立夏"绳浪套只蛋——圆滚滚；
"中秋"姆妈买月饼——团团圆；
"重阳"送糕拨长辈——乖囡囡。
中国节日交交关，阿拉侪要记记牢。

压岁钿：沪语，压岁钱。

白相：沪语，玩。　　　　拨：沪语，给。

阿拉：沪语，我们。　　交交关：沪语，很多。

绳浪：沪语，绳上。　　侪：沪语，都。

扫一扫　读一读

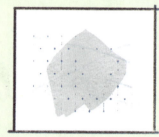

上海艺术博览会创办于 1997 年，至今已有全世界二十多个国家的画廊及艺术经纪机构参展，数千件艺术作品参与展示、交易。众多世界著名大师的画作、雕塑原件通过上海艺术博览会的平台亮相。

上海艺术博览会

"上海之春"国际音乐节

"上海之春"国际音乐节是中国历史最悠久的音乐节，最初起源于"上海市音乐舞蹈展演月"，1960 年 5 月，正式以"上海之春"的名字登上历史舞台。每年举办一次，营造浓郁的城市音乐舞蹈氛围，塑造上海音乐舞蹈文化品牌。

上海国际电影节

上海国际电影节创办于 1993 年，最高荣誉是"金爵奖"，由来自世界各国的评委评审产生。观众可以在电影院欣赏到来自世界各国的优秀影片，享受一场电影盛宴。

演一演

说一说

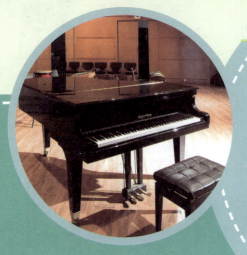

小·玲小·琴

小玲会弹琴，
小琴会敲铃。
小玲要敲小琴个铃，
小琴要弹小玲个琴。
小琴教小玲敲铃，
小玲教小琴弹琴。

个：沪语，的。

扫一扫　读一读

说一说

漂亮个姑娘

漂亮个姑娘拉拉小辫子，
漂亮个姑娘点点小鼻头，
漂亮个姑娘拉拉小耳朵，
漂亮个姑娘翘翘小嘴巴，
漂亮个姑娘花花痒兮兮。

个：沪语，的。
鼻头：沪语，鼻子。
花花痒兮兮：沪语，挠痒痒。

扫一扫　读一读

**上海的
服装文化**

　　上海经常举办各类服装盛会，包括国际服饰博览会、著名时装设计大师作品发布会、服饰设计大赛、国际时装模特大赛等活动。汇聚一线的设计师、著名的时装模特，带给人们精彩纷呈的服饰文化，绚丽多姿的时尚走秀。

演一演

你喜欢什么颜色？

我喜欢红色。

你这件旗袍真好看！

谢谢你！

上海的茶文化

茶文化是中国的传统文化。上海也有一些以茶文化为主题的节庆活动，吸引了全国以及海外很多喜欢茶、经营茶文化的企业、团体与社会各界人士共同交流。

说一说

爱茶

外婆：咖啡和茶叶，你喜欢哪一个？

外公：我喜欢茶叶。

名人旧迹

上海毛泽东旧居陈列馆

上海毛泽东旧居陈列馆,位于茂名北路 120 弄,是一幢联排的二楼二底、砖木结构、坐南朝北的老式石库门里弄住宅建筑。这座楼的 7 号,毛泽东和夫人杨开慧曾于 1924 年在此居住。

中国共产党代表团驻沪办事处纪念馆(周公馆)

思南路 73 号是中国共产党代表团驻沪办事处旧址,也称"周公馆",是 1946 年周恩来在上海工作、生活过的地方。周恩来在这里举办过多次重要的记者招待会,会见过许多著名爱国人士。

啥个弯弯

姐姐妹妹，　　　　　啥个弯弯头浪过？
坐辣门边，　　　　　啥个弯弯在水边？
唱起歌来，　　　　　月亮弯弯在天边，
天边水边。　　　　　眉毛弯弯在眼前，
啥个弯弯在天边？　　木梳弯弯头浪过，
啥个弯弯在眼前？　　小船弯弯在水边。

啥个：沪语，什么。

辣：沪语，在。

浪：沪语，上。

扫一扫　读一读

73

中国福利会
少年宫

　　中国福利会少年宫由国家名誉主席宋庆龄创办，位于延安西路 64 号，是新中国第一家少年宫。中国福利会少年宫占地面积 14000 平方米，其标志性的白色大理石建筑，被列入第八批全国重点文物保护单位名单。中国福利会少年宫是孩子们的天堂，被誉为少年儿童健康成长的"金色摇篮"。

　　上海孙中山故居纪念馆位于香山路 7 号，是一幢欧洲乡村式小洋房，由当时旅居加拿大的华侨集资买下并赠送给孙中山。纪念馆占地面积 2500 余平方米，主要由孙中山故居和孙中山文物馆组成。孙中山故居是孙中山和夫人宋庆龄的住所，孙中山和宋庆龄于 1918 年入住于此，后成为孙中山的永久纪念地。

上海孙中山
故居纪念馆

演一演

上海鲁迅故居位于山阴路上的大陆新村 9 号，是一代文学巨匠鲁迅从 1933 年至 1936 年逝世前居住和工作的寓所。这是一座砖木结构、红砖红瓦的三层楼房。在此期间，鲁迅写下了许多战斗性杂文。

上海鲁迅故居

上海巴金故居

武康路 113 号是巴金在上海的寓所，也是巴金在上海居住时间最久的地方，他在此楼生活了 40 多年。这座小楼始建于 1923 年，曾是苏联商务代表处所在地。1955 年起，巴金和女儿一家居住在这幢三层小洋楼里，庭院里种满了白玉兰。此处也是千万读者心中的文学圣地。

演一演

横眉冷对千夫指，俯首甘为孺子牛。

我常说我靠友情生活，友情是我指路的明灯。

哪句是巴金先生的名言？

哪句是鲁迅先生的名言？

大家一起来学一学吧！

说一说

七字歌

地浪七块冰，
台浪七盏灯，
墙浪七只钉，
树浪七只鹰，
天浪七粒星，
乒——乓，踏碎地浪七块冰，
噗——噗，吹灭台浪七盏灯，
叮——当，拔脱墙浪七只钉，
呵——嘘，赶走树浪七只鹰，
一朵乌云遮没天浪七粒星，
一连读仔七遍就聪明。

浪：沪语，上。
拔脱：沪语，拔掉。
读仔：沪语，读了。

扫一扫　读一读

著名建筑

上海建有很多座横跨黄浦江的大桥，有杨浦大桥、南浦大桥、卢浦大桥、徐浦大桥、闵浦大桥、松浦大桥等。南浦大桥是上海市区横跨黄浦江的一座双塔双索面叠合梁斜拉桥，落成时为世界第三大斜拉桥。

外滩万国建筑博览群是百年上海的一个缩影。它南起金陵东路，北至苏州河，矗立有几十幢不同国家不同风格的建筑。现在沿江经过多年改建扩建，修筑了滨江大道，已经成为上海的一个城市窗口。在这里，不仅可以浏览黄浦江的江景，还可隔江遥望浦东陆家嘴金融区建筑群的雄姿。

浦江大桥

上海
展览中心

外滩万国
建筑博览群

上海展览中心位于延安中路1000号，原名中苏友好大厦，建于20世纪50年代。这幢俄罗斯古典主义风格的建筑，是由苏联专家设计的，是新中国成立后上海第一座会展建筑，现在成为举办各种大型活动和展览的重要场所。

豫园是上海城区唯一留存完好的江南古典园林，是全国重点文物保护单位。豫园原为明朝的一座私人花园，始建于明嘉靖三十八年（1559年），被誉为"奇秀甲于东南"。据说，园主建造此园是为"愉悦老亲"，因"愉"与"豫"谐音，故名"豫园"。整个园林设计精巧，布局细腻，以清幽秀丽、玲珑剔透见长，有玉玲珑、龙墙、大假山、点春堂、会景楼、绮藻堂和内园等。豫园糅合了明清两代南方园林的艺术风格，素有"城市山林"之称。

豫园

上海中心大厦是一座超高层地标式摩天大楼，是目前已建成项目中中国第一、世界第二高楼，总高为632米。这是一幢综合性超高层建筑，以办公为主，另具有会展、酒店、观光娱乐、商业等多种功能，大楼第118层为"上海之巅"观光厅。

上海中心大厦

演一演

夜晚的外滩真美。

晚上，黄浦江两岸的灯全开了。

五颜六色的，真漂亮。
还有微风。

外滩是上海的一张名片。

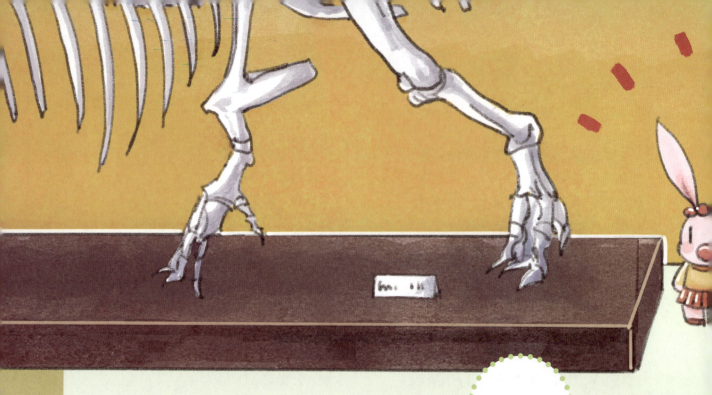

上海博物馆

　　上海博物馆创建于 1952 年，位于人民广场南侧的人民大道 201 号。　建筑造型为方体基座和巨型圆顶及拱形出挑相结合，寓意"天圆地方"。　博物馆馆藏珍贵文物包括青铜器、书法、绘画、陶器、瓷器、玉器、石雕、甲骨刻辞、玺印、钱币、丝绣染织、牙骨雕刻、少数民族文物以及上海地区的考古发掘品等，上自旧石器时代，下迄近现代，尤以青铜器、陶瓷器和书画最具特色，藏品之丰富、质量之精湛，在国内外均享有盛誉。

　　上海图书馆位于淮海中路 1555 号，是综合性研究型公共图书馆和行业情报中心，首批国家重点古籍保护单位。上海图书馆建筑面积 12.7 万平方米，馆藏包括各类文献和老唱片等非书资料，尤以近代中英文报刊、西方珍本、家谱、书信、碑帖著称。馆内拥有设施完善的阅览室、个人研究室、展览厅、学术活动室以及报告厅、多功能厅和音乐欣赏室等。上海图书馆是爱阅读爱知识的孩子们的学习园地。

上海图书馆

上海自然博物馆（上海科技馆分馆）坐落于上海市静安雕塑公园内，建筑的设计灵感来源于"螺"的壳体结构，以"自然·人·和谐"为主题，融收藏与研究、展示与教育、文化与休闲、科学与艺术于一体，以丰厚馆藏与科研为基础，展现自然之美，提供最新资讯，搭建分享平台。

上海自然博物馆

上海科技馆

上海科技馆是具有时代特征和上海特点的综合性自然科学技术博物馆，是重要的科普教育基地和精神文明建设基地。上海科技馆有11个风格各异的主题展区、4个高科技特种影院、2个浮雕长廊、2个主题特展等。"自然·人·科技"是上海科技馆倡导的核心理念。爱科技的小朋友一定会在上海科技馆找到科学的灵感，得到科学的启迪。

演一演

中华艺术宫
（上海美术馆）

中华艺术宫原为 2010 年上海世博会中国国家馆，建筑面积 16.68 万平方米，展示面积近 7 万平方米，后上海美术馆入驻于此。中华艺术宫（上海美术馆）是集公益性、学术性于一体的近现代艺术博物馆。热爱艺术的孩子们，中华艺术宫在等着你们。

"大世界"位于西藏南路、延安东路交叉口，始建于 1917 年。当年以游艺杂耍和南北戏曲、曲艺表演为特色，12 面哈哈镜是其独有的陈列物。现在的"大世界"在保留原有文化特色的基础上，注入了很多新的元素和服务内容，是集戏剧、曲艺、音乐、杂技、魔术演出等为一体的综合性游乐中心。小朋友们，快去看看大世界的哈哈镜还在不在呀。

上海大世界

上海音乐厅

上海音乐厅建成于 1930 年，是上海近代优秀建筑。2002 年 9 月起，为兼顾上海市政建设和文物保护，音乐厅进行了"惊心动魄"的整体平移，整座建筑向东南方向移动了 66.46 米，更"长高"了 3.38 米，于 2004 年重新开放。音乐厅的外立面简洁，内部结构是欧洲传统的建筑风格。音乐厅气度不凡，在此演出的乐队和音乐家都是音乐殿堂中的佼佼者。

上海市青少年校外活动营地——东方绿舟位于青浦区，临近风景宜人的淀山湖畔，是集拓展培训、青少年社会实践、团队活动以及休闲旅游为一体的大型公园。东方绿舟由智慧大道区、国防教育区等八大园区组成，能满足教学实践、运动休闲等多种需求。

上海市青少年校外活动营地——东方绿舟

演一演

爷爷，您小时候最喜欢到哪里去玩？

我最喜欢去"大世界"！

那里有什么好玩的呀？

哈哈！那里有变来变去的哈哈镜！

真好玩！

上海东方明珠
广播电视塔

上海东方明珠广播电视塔坐落于黄浦江东岸，与外滩万国建筑博览群隔江相望，塔高 468 米，落成时高度为亚洲第一、世界第三，是上海市标志性建筑之一。塔座内设有观光层，在 260 多米的上球体观光层有旋转餐厅，游客可边品尝美食，边饱览浦江两岸风景；在 351 米的太空舱，可鸟瞰上海市全貌。塔座底层大厅设有上海城市历史发展陈列馆，全面展示上海历史沿革，特别是上海开埠以来的百年沧桑。

上海马戏城有"中国马戏第一城"的美誉。它具有独特的建筑造型和铝钛合金的穹形屋顶，是上海这座国际文化都市的又一标志性建筑。马戏城内的旋转舞台、复合升降舞台、镜框式舞台和吊杆，加上高空的 3 圈马道，构成了一座设施完整、功能齐全的杂技表演场所。

上海马戏城

上海迪士尼乐园

上海迪士尼乐园，是中国内地首座迪士尼主题乐园，位于浦东新区川沙新镇。它是世界第六个迪士尼主题公园。上海迪士尼乐园目前拥有米奇大街、奇想花园、探险岛等七大主题园区，并有多个全球首发游乐项目。

上海海昌海洋公园

上海海昌海洋公园位于上海东海之滨滴水湖畔，围绕"海洋文化"特色，有人鱼海湾、极地小镇、冰雪王国等五大主题区，南极企鹅馆等六大动物展示场馆，海豚剧场等动物剧场，还有超感4D影院呢。

演一演

妈妈，东方明珠广播电视塔很高啊！

嗯，它有468米。

到它顶上可以看到整个上海。

外面看看也很棒的！

不要急，先排队买票。

我们快上去。

饮食文化

小笼包是上海著名的风味小吃，其中以南翔小笼包最为有名，它已有 100 多年的历史。因其形态小巧、晶莹透黄、皮薄馅重、汁鲜肉嫩，以特制的小竹笼蒸熟，故称"小笼包"。制作时，还可以根据不同时令，将蟹粉、春笋或虾仁和入肉馅，味道好极了。

小笼包

鲜肉月饼

鲜肉月饼外皮酥粉，里面的肉馅鲜美十足，一口咬下去还能尝到鲜美的肉汁。

蟹壳黄是用发酵面加油酥制成皮，再入馅的酥饼，饼色与形状酷似煮熟的蟹壳，色泽褐黄，吃口松、香、酥，深受大众喜爱。

蟹壳黄

演一演

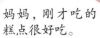

妈妈，刚才吃的糕点很好吃。

这叫海棠糕，是七宝老街的特色糕点。

还有什么好吃的？

说一说

还有汤圆、臭豆腐、方糕……

吃果果

排排坐，吃果果，
侬一只，我一只，
还拨妹妹吃一只。
排排坐，吃果果，
幼儿园里朋友多。
朋友多，好唱歌。

拨：沪语，给。

扫一扫　读一读

87

白斩鸡

白斩鸡是上海地区传统名菜，多作为宴席冷盘，供佐酒之用。因鸡在烹煮时不加调味，故称白斩鸡。上海白斩鸡始于清朝末年，先在酒店出现，用本地饲养的浦东三黄鸡制成，将做好的鸡悬挂在熟食橱窗里，根据顾客需要，随点随斩。不仅用料考究，而且还用熬熟的虾子酱油，随白斩鸡一起上桌，供顾客蘸食，其味道更为鲜美。

扣三丝

扣三丝源自淮扬菜，口味清淡，色泽悦目，刀工精细，是一道技术含量很高的刀工菜，深受大众喜爱。做这道菜，要将火腿、冬笋、熟鸡脯肉全部切丝，每根丝如火柴梗那样粗细，不能断，也不能曲。排放在碗里，上笼蒸透后将碗反过来，往盆子里一扣脱模，一座色泽分明的"三丝宝塔"立在盆中央，再浇上清汤，码上豆苗嫩芽。还没吃，就已经把人看呆了。

演一演

一滴水，一个点，一只蚂蚁吃一年。

十滴水，一条线，两只蚂蚁好撑船。

小朋友，不浪费，不让水龙头落眼泪。

节约是中华民族的传统美德。

锄禾日当午，汗滴禾下土。

谁知盘中餐，粒粒皆辛苦。

说一说

拉锯

拉锯！拉锯！
外婆屋里唱大戏。
接姑娘，请女婿，
小外孙，也要去。

吃个啥个饭？
吃个大公鸡。
咬一口，老新奇，
从来呒没吃过辯个好物事。

啥个：沪语，什么。
老：沪语，很。
呒没：沪语，没有。

辯个：沪语，这个。
物事：沪语，东西。

扫一扫　读一读

红烧肉

上海的红烧肉口味比较甜，其做法的特点是：一手酱油瓶，一手糖罐头。相对于杭州的东坡肉和无锡的红烧肉而言，上海的红烧肉有非常鲜明的浓油赤酱的特点，配上酱蛋做成一碗红烧肉酱蛋，别有一番风味。

排骨年糕

排骨年糕是上海一种经济实惠、独具风味的小吃。排骨色泽金黄，表面酥脆，肉质鲜嫩。年糕入口糯中带香，略有甜辣味，鲜嫩合口。

演一演

你们知道本帮菜有哪些吗？

我知道，有红烧肉和狮子头。

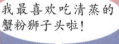

我最喜欢吃清蒸的蟹粉狮子头啦！

清蒸狮子头的确味道鲜美。

红烧狮子头也不错哦！

说一说

天浪星

天浪星，地浪星，爷爷叫我吃点心。
勿高兴，买糕饼，糕饼甜，买斤盐。
盐么咸，买只篮，篮么漏，买升豆。
豆么香，买块姜，姜么辣，买只鸭。
鸭么叫，买只鸟，鸟么飞，买只鸡。
鸡么喔喔啼，买只揪光梨。

浪：沪语，上。
勿：沪语，不。
揪光梨：削了皮的梨。

扫一扫　读一读

蟹粉狮子头

　　狮子头可红烧可清蒸，清蒸嫩而肥鲜，红烧汁味入里。蟹粉狮子头的做法是选上等五花肉，洗净去骨去皮，将肥瘦肉分别切成细粒状；再用黄酒、盐、葱花、姜末、蟹肉等调味品及辅料拌均匀后做成直径五厘米的肉圆；将成块的蟹黄镶在肉圆上，放在汤碗里上笼蒸50分钟，使肉质中的油脂析出；然后配以碧绿的小菜心，放在小盅内上桌，赏心悦目，味道鲜美。

地方戏曲

上海这座城市的母亲河是黄浦江，浦江两岸孕育了属于上海的地方文化，其中包括用上海方言作为唱词的田头山歌，它慢慢地演变成一边说一边唱的滩簧，再逐渐发展成为沪剧。沪剧音乐委婉柔和，曲调优美动听，诉说情感充满韵味。沪剧被列入第一批国家级非物质文化遗产。

沪剧

上海说唱是在独脚戏的"唱派"基础上，吸收苏州弹词的说唱表演技巧逐步发展形成的。上海说唱的形式比较自由，一般是一人，也可以两人或多人，腔调来自民歌小调及各地方戏曲、曲艺的唱腔，也有自编的一些曲调。上海说唱朴实、活泼，一般曲目都是短篇。

上海说唱

《芦荡火种·智斗》选段（节选）

表演者：上海市金山区实验幼儿园　陆佩敏　杨子涵　王单昊

指导老师：上海沪剧院、国家一级演员　吕贤丽　李建华

胡传奎：哦，阿庆嫂。

阿庆嫂：胡司令。

胡传奎：一年多勿看见，侬好哦？活得好哦？

阿庆嫂：托司令个福，活得好，活得好。

胡传奎：哈哈哈哈！

阿庆嫂：司令，一年多勿看见，侬发福了。

胡传奎：哎，人家讲我瘦点了。阿庆呢？

阿庆嫂：勿要提起了……

胡传奎：哪能？

阿庆嫂：箇个懒惰坯，弄勿好了，一日到夜只晓得赌铜钿。有一日输得实在勿像样，搭我大吵一场，憋了气走脱了。

胡传奎：到啥地方去了？

阿庆嫂：有人看见伊勒勒上海跑单帮。

胡传奎：写封信叫伊转来。

阿庆嫂：司令呀，等伲阿庆转来，侬要帮我好好管管伊。

胡传奎：放心，箇桩事体包勒我身浪。

我唱沪剧已有50年了，12岁就进入了戏剧院校学习沪剧，小朋友们的精彩表演让我想起了自己刚学沪剧时的样子。我希望上海的少年儿童都能热爱自己的家乡，学习并说上海话，让家乡方言不断传承下去，在学好、用好普通话之余，可以在活动中、游戏中增加方言的体验。

著名沪剧表演艺术家　马莉莉

扫一扫　看一看

唱一唱

春晓

唐·孟浩然

春眠不觉晓，处处闻啼鸟。
夜来风雨声，花落知多少。

扫一扫　读一读

滑稽戏是上海和周边江南地区的地方传统戏剧，它诞生在清末民初，是由上海的曲艺"独脚戏"加上中外喜剧和江南地方戏曲的元素，逐步形成的上海戏曲剧种。上海的滑稽戏保存了很多上海民俗和文化，人物鲜活有趣，常让人捧腹大笑。滑稽戏被列入第三批国家级非物质文化遗产。

滑稽戏

独脚戏

"独脚"是一个角色的意思，独脚戏原先是指"一个人"表演的曲艺，后来慢慢演变为两人表演，到多人分演各个角色时，形成了"滑稽戏"。其表演生动滑稽，流行于上海、江苏（苏南）、浙江一带，以吴语方言演出。独脚戏被列入第二批国家级非物质文化遗产。

演一演

"滑稽三大家"是哪几位?

王无能、江笑笑、刘春山。

滑稽戏的四门功课是什么?

说、学、做、唱。

有什么经典的滑稽戏呢?

《七十二家房客》!

我们全家去看看吧!

《父子独脚戏》选段(节选)

表演者:上海市金山区实验幼儿园
　　　　沈宸铭家庭
指导老师:蒋琦

宝:大家好,我是沈宸铭,今年六岁了。

爷:大家好,我是宝宝个爷爷。

爸:大家好,我是他爸爸,今年三十出头。

宝:唉,那么我比侬大么。

爸:慢慢慢,侬哪能比我大了?

宝:我算拨侬听啊!

爸:好,侬讲讲看。

宝:阿拉从一岁开始算,一岁,两岁,三岁,四岁,五岁,六岁,猗个辰光啥人生出来了?……

扫一扫　看一看

95

《阿必大回娘家》选段

表演者：上海市黄浦区蓬莱路幼儿园　蔡子萱
指导老师：陈吉

冬天日出黄咕咕，李家娘娘想家务。

伲个当家人名字就叫李九官，蹲勒外头贩猪猡。

伲老夫妻只有一个独养子，身材生得矮勿过。

一尺三寸长衫着仔地浪拖，人人叫伊石秤砣。

伲老夫妻俩只有一个儿子，今年已经十六岁哉，勿晓得哪能养勿大个，仍旧小眯一眼眼。

一件长衫只要做一尺三寸长，着勒身浪还拖勒地浪，勿过瓣个囡小么小，聪明倒是聪明㖷。

有一趟，伲个老头子心情邪好啦呀！

伊讲，老太婆，我领侬到上海去白相。我讲到阿里？嘿嘿，我领侬到上海白相"大世界"。啥，"大世界"！

我还勿曾去过哉，我讲好个好个呀。

啊呀，我一想伲老夫妻一道去白相，伲个囡一家头掼勒屋里，我倒肚肠勿落呀。我搭伲老头子讲呀，要么带仔伲秤砣一道去？伲老头子讲好个好个，伲娘三家头一道到上海去哉。

话咾到上海路远，要乘部车子个。伲乘着一部车子，狭悠悠个，长倒蛮长个，上头么像有条小辫子能吊起来，开个辰光当当当、当当当会响个。伊拉话咾，瓣部车子叫当当车。

到了车子浪，有个人话咾喊伲买票，伊讲大人要买票，小小人可以勿买个。伲个囡想，伊已经十六岁哉，勿买票难为情哦，伊瓣个小鬼头也要面子个，就顶发顶发顶起来哉，乃末我一吓呀，侬瓣能顶起来要买票个呀！

我就轻悠悠朝伊长衫浪一拖，肩胛浪一揿，伲瓣个囡真聪明啊，伊就朝下一埋，矮了眼么，瓣能一来，瓣个一张当当车票就此勿曾买。

伲进了大世界，喔唷，大世界里真闹猛㖷。走进去有两面哈哈镜，我想去照一照，我勿晓得喽，照仔一面长个，拨我一吓呀，一个人长来像根电线木头，好白相㖷。

伲个囡一听末也去照仔，伊照着个是一面矮个。哎哟喂，已经小眯一眼眼，一照末葛寻也寻勿着啦呀，我想伲个囡到啥地方去了？秤砣人呢？

乃末我仔细一看，要命啊，伲个囡像只踏瘪脱个灯笼壳子呀，好白相㖷，我末是自家养勒海，欢喜㖷，小么小，小柴精，一眼也勿挤地方个，做起衣裳来么，料作也好省点啦呀。

扫一扫　看一看

综合活动

这里有洋溢着传统风情的民俗活动、让人身临其境的故事表演、充满乐趣的角色游戏，你也来看一看、读一读、玩一玩吧！

让我们走进幼儿园，瞧瞧老师是如何带着小朋友一起体验上海方言文化的！

民俗活动

我们一起做风筝

你知道吗

  风筝起源于中国，放风筝最初是用来通信的，后来演变为一种民俗游戏。清明时节，放风筝的人尤其多。过去，有人把风筝送上蓝天后，就剪断风筝线，任凭清风把风筝送到天涯海角，据说这样能除病消灾，给自己带来好运。

用沪语读一读这个谜语，猜猜它的答案是什么。

像蝶不是蝶，像鸟不是鸟。
清明前后飞，就怕雨水浇。
（打一民俗玩具）

扫一扫　读一读

闯关任务

- 赏一赏，请幼儿将自己的风筝实物或照片带到教室进行"风筝展"，幼儿欣赏各式各样的风筝。
- 说一说，请幼儿用沪语告诉同伴自己最喜欢的风筝的颜色、图案和形状。
- 画一画、贴一贴，请幼儿装饰教师准备的半成品风筝。
- 试一试，按照步骤图，请幼儿和教师或爸爸妈妈一起做一只风筝。

以下步骤一定要在老师或爸爸妈妈的帮助下进行！

① 请老师或爸爸妈妈帮忙，在两根木棒的每个端点各锯出一个小缺口。

② 把一根木棒横放在另一根木棒上。

③ 用绳子和胶水把两根木棒拴紧，固定住。

④ 用绳子连接木棒的端点，框出风筝的框架，粘上纸后进行装饰吧！

活动准备

1. 布置"风筝节"的场景，将幼儿收集的风筝实物或照片陈列其中，配合相关问题，让幼儿充分了解风筝的基本特点，初步感受风筝造型的美。

2. 准备不同颜色的卡纸、宣纸、纱、薄布，剪刀，胶水，压花器，竹签，半成品风筝，炫彩棒，颜料，毛笔，木棒，绳子等材料。

观察要点

1. 在与同伴的交流中，幼儿能否用沪语清晰地表达自己的想法。

2. 幼儿能否通过活动增加对放风筝等民俗活动的了解。

3. 在装饰风筝的过程中，幼儿的观察、模仿、想象、动手能力如何，能否通过多种材料的使用、组合来发挥创意。

4. 幼儿对图示步骤及各种符号的理解、运用水平如何。

猜，猜，猜灯谜

 **你知道吗**

　　猜灯谜是中国独有的民俗活动，灯谜由谜面（题目）、谜目（答案的范围，如"打一种食物"）和谜底（答案）构成。从唐代起，就有元宵节夜晚观灯的风俗，后来有人把谜语写在纸条上，或挂或贴在彩灯上供游人猜，既迎合节日氛围，又有趣益智，非常受人欢迎，猜灯谜便流传至今，成为元宵节不可缺少的活动。

用沪语读一读这个谜语，猜猜它的答案是什么。

白白身子圆溜溜，样子像只乒乓球。
放在锅里烧一烧，全家吃它过十五。
（打一食物）

扫一扫　读一读

 **闯关任务**

- 读一读，请幼儿将教师准备的谜面用沪语念出来。
- 猜一猜，请幼儿在教师准备的灯笼中选择喜欢的一只灯笼，想想灯谜的答案是什么。
- 画一画、贴一贴，请幼儿为教师准备的谜面添加边框和花纹。
- 试一试，按照步骤图，请幼儿和教师或爸爸妈妈一起做一只灯笼。

以下步骤一定要在老师或爸爸妈妈的帮助下进行！

① 把空的牛奶盒或果汁盒上端的盖子部分剪掉，留下盒身。

② 把带图案的包装纸用胶水粘贴在盒身上。

③ 在盒子的每个侧面画出一个大小相当的矩形，然后把它们挖掉。

④ 将能透光的彩纸剪成稍大一些的矩形，贴在盒子的内侧。

⑤ 准备几根长短相同的丝带，固定在盒子底部，做成穗子。准备好小灯座，请老师或爸爸妈妈将灯座固定在盒子里。

⑥ 打开开关，古色古香的灯笼就亮啦！你可以将灯谜挂在灯笼上哦！

活动准备

1. 准备各种有民俗特点的灯笼，并挂上或贴上图文并茂的谜面。
2. 准备写着谜面、有空间给幼儿发挥创意进行装饰的卡片。
3. 准备不同颜色的卡纸、纱、薄布，剪刀，胶水，炫彩棒，颜料，毛笔，小灯座，细绳等材料。

观察要点

1. 幼儿能否通过图文理解简单的谜语，并用沪语读出谜面。
2. 幼儿能否通过活动增加对猜灯谜等元宵节风俗的了解。
3. 幼儿在装饰谜面的过程中，观察、模仿、想象、动手能力如何，能否通过多种材料的使用、组合来发挥创意。
4. 幼儿对图示步骤及各种符号的理解和运用水平如何。

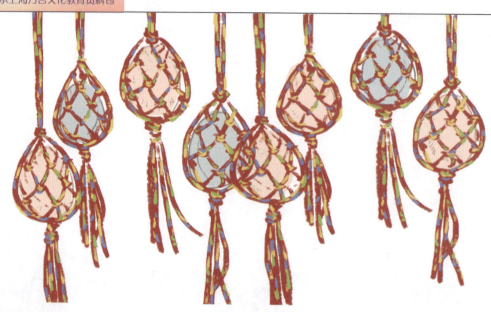

小网兜，挂颗蛋

你知道吗

夏天，许多小朋友会觉得没有食欲，容易累，这种症状叫"疰（zhù）夏"。俗话说"立夏胸挂蛋，孩子不疰夏"，立夏这天，大人们会用丝线编成小网兜，装入煮熟的鸡蛋或鸭蛋，再挂在孩子的脖子上，保佑孩子消暑祛病。大家还会一起玩斗蛋的游戏：将蛋头对蛋头、蛋尾对蛋尾相碰，谁的蛋破了，谁就输了。

用沪语读一读这个谜语，猜猜它的答案是什么。

圆滚滚一块石头，石头里一张绵绸。
绵绸里一团破絮，破絮里一个日头。

（打一食物）

扫一扫　读一读

闯关任务

• 问一问，请幼儿用沪语问问爷爷奶奶、爸爸妈妈，立夏时还有哪些习俗，并与同伴交流。
• 画一画，请幼儿在教师准备的泡沫蛋上添上好看的图案。
• 试一试，按照步骤图，请幼儿和教师或爸爸妈妈一起做一个装蛋的网兜。

以下步骤一定要在老师或爸爸妈妈的帮助下进行!

① 找一把椅子,将一根主绳套在椅子靠背上,尽量拉直,不要松动。

② 把一根根细绳系在主绳上,留出一小段距离后打个结,使细绳还能在主绳上滑动。

③ 根据需要确定网兜的大小,多系上几根相同长度的细绳,每根细绳之间留出一小段距离。

④ 把相邻的细绳系在一起。

⑤ 层层编织成网状。

⑥ 将细绳编织到足够长度,底下用普通打结方式收口。

活动准备

1. 准备不同颜色的水彩笔,编织绳,泡沫蛋,编织好的网兜等材料。
2. 活动初期,可以帮助幼儿做好准备工作,如将主绳、细绳提前在椅背上穿好,方便幼儿直接开始打结。待幼儿熟练后,可增加难度,让其自己将绳穿好并最后收口。

观察要点

1. 在与同伴的交流中,幼儿能否用沪语清晰地表达自己的想法。
2. 幼儿能否通过活动增加对立夏民俗的了解,增加对中华优秀传统文化的兴趣。
3. 在装饰泡沫蛋的过程中,幼儿的观察、模仿、想象、动手能力如何,能否发挥创意。
4. 幼儿对图示步骤及各种符号的理解和运用水平如何。

角色游戏

"四大金刚"少不了

游戏角色

爸爸，妈妈，哥哥，妹妹，服务员，其他顾客若干。

闯关任务

- 想一想：上海早餐里的"四大金刚"分别是什么？用沪语怎么说？
- 猜一猜：爸爸在对妹妹说什么？
- 说一说：哥哥想吃"四大金刚"，他该怎么对服务员阿姨说？
- 请你选择并扮演角色，在设定的情境中用沪语自由地交流和互动。

观察要点

1. 幼儿在游戏中能否用沪语与同伴打招呼，如"侬好""欢迎""再会"等。
2. 幼儿能否倾听、理解同伴的沪语，并给出相应的反应。

游戏实录

　　游戏中，我扮演一位顾客，"服务员"丁丁用普通话问我："请问你要吃什么？"我用沪语回答："我是上海人，侬搭我讲上海话吧。"丁丁点点头，愉快地说："好的好的，侬要吃点啥？"我故意挠了挠头说："四大金刚有吗？"丁丁瞪大眼睛问："四大金刚是啥？"其他"小客人"三三两两地答："豆浆、小笼包、油条、粢饭糕、大饼、馒头……"我笑着说："大饼、油条、豆浆、粢饭糕，是最受上海人欢迎的早餐点心，也就是阿拉说的'四大金刚'。"大家纷纷回应："哦，知道了！"丁丁也赶紧说："哦，阿拉侪有的，侪有的！"接着，其他"小客人"也开始点"四大金刚"，还有一位"小客人"特意嘱咐丁丁："我的粢饭糕在油里多炸一歇哦！"

分析与反思

　　作为教师，我们需要创设良好的听说环境，让幼儿尝试用沪语进行交流互动，从"愿意说"到"喜欢说"，再到"会说"。角色游戏是非常好的自然习得沪语的机会。

　　当丁丁用普通话询问时，我用上海话作答，他便切换到了"沪语模式"，其他幼儿也很快投入进来。幼儿在游戏中处于自发、自由、自在的状态，充满兴趣，不紧张，没有正式学习的压力，所以对听到的上海话更能轻松接受，也更有说上海话的内在驱动力。

　　"四大金刚"的话题，能让幼儿从熟悉的早餐开始，了解上海人的饮食习惯，进而激发他们对日常生活的关注，增进对上海这座城市的了解。当丁丁恍然大悟地说"侪有的"，当"小客人"不忘叮嘱"我的粢饭糕在油里面多炸一歇"时，游戏情节在发展，幼儿的生活经验得以分享，更多情感在生成，沪语习得便自然而然地发生了。

一起来"吃喝"

游戏角色

爸爸，妈妈，哥哥，妹妹，服务员，其他路人若干。

闯关任务

- 想一想：你听过"上海吃喝"吗？
- 试一试：请你为"四大金刚"吃喝，吸引更多顾客来吃吧！
- 说一说：你还喜欢什么上海小吃？
- 请你选择并扮演角色，在设定的情境中用沪语自由地交流和互动。

观察要点

1. 在游戏中，幼儿能否使用沪语解决困难，合理推动情节发展。
2. 幼儿能否倾听、理解同伴的沪语，并给出相应的反应。

游戏实录

"小客人"乐乐来了，问贝贝和佳佳："除了'四大金刚'，还有什么好吃的吗？""你喜欢吃什么？"贝贝反问道。"酒酿圆子吧，我最喜欢吃这个了，甜甜的！"佳佳听了，立刻找来橡皮泥搓起小圆子。贝贝开心得直点头，竖起大拇指夸佳佳做得真像。乐乐一看这"新菜式"马上笑了，大口"吃"了起来。

佳佳乐呵呵地看着乐乐，突然有了新的想法，他对贝贝耳语了一番，贝贝一边听，一边点头。不一会儿，他俩就扯开嗓子喊了起来："快点来！快点来！上海小吃，酒酿圆子，又甜又糯！新产品，买一送一喽！"一通上海话的吆喝，一下子就吸引了更多小客人，贝贝和佳佳的心里乐开了花。

分析与反思

游戏中，幼儿遇到了给早餐店招揽顾客的难题，那一声声活泼的吆喝与其说是他们的灵机一动，不如说是他们平时生活经验的再现和自然反应。

幼儿通过平时的观察和积累，能很快想起日常生活的片段，这种记忆片段往往就是方言中的一句叫卖，或是一些喜欢的味道。当这份记忆和游戏中的情境对接上的时候，他们自然就会给出相应的上海话反应。

讲评游戏时，我请全体幼儿听一听、学一学其他的上海话吆喝，再聊一聊还有哪些好吃的上海小吃，一下子就调动了他们的生活经验和味蕾记忆，并且引导他们感受吆喝背后的上海风情和文化。

"叮咚",来客人啦

幼婆客奴

 游戏角色

爸爸,妈妈,哥哥,妹妹,小客人若干。

 闯关任务

亲家数师

- 猜一猜:妹妹在对妈妈说什么?
- 说一说:如果你是客人,当主人拿出水果、零食招待你时,你要说什么?
- 请你选择并扮演角色,在设定的情境中用沪语自由地交流和互动。

观察要点

1. 幼儿能否将已有的生活经验融入到游戏中。
2. 幼儿能否根据已有的生活经验，在游戏中进行模仿和展示。

 **游戏实录**

扮演"妈妈"的玲玲正像模像样地洗水果、切西瓜。这时，"小客人"天天和敏敏来了，玲玲便让他们先在沙发上坐着玩一会儿："西瓜马上就切好了。"天天和敏敏闲不住，开始念着童谣玩起了游戏："金锁银锁嘎啦啦一锁……哈哈，我锁住你了！"

将西瓜端上桌后，玲玲突然起身"自由发挥"了起来，说："宝宝哭了，我要去哄宝宝睡午觉，你们先自己玩哦。"说着，她假装抱起了一个"宝宝"，还轻轻摇晃着手臂，唱："摇啊摇，摇啊摇，摇到外婆桥，外婆叫我好宝宝……"唱了一遍又一遍，过了好一会儿，玲玲才俯身轻轻地放下"宝宝"，过来继续招待两位"小客人"。

分析与反思

幼儿语言教育决不能忽视渗透在日常生活中的机会，幼儿需要与生活中不同的人交流，以此巩固、扩展自己的语言经验。玲玲能把妈妈哄宝宝睡觉的动作、语言模仿得惟妙惟肖，就是一种生活经验的成功迁移。玲玲的妹妹刚出生，玲玲观察到妈妈平时哄妹妹的情景，并且把这些经验体现在游戏中。

"小客人"天天和敏敏将最近在课上学会的童谣用到了角色游戏中，这是一种主动的语言操练。幼儿是游戏的主角，虽然没有强行要求他们运用学到的沪语童谣，但幼儿往往能出其不意地将其创新使用，他们是与生俱来的创造大师。

教师应该多收集一些脍炙人口的沪语童谣，丰富幼儿的语言储备，创造不同的语言情境，让幼儿作为主角去体会、运用、展示所获得的语言经验。

快乐过生日

游戏角色

爷爷，奶奶，爸爸，妈妈，哥哥，妹妹，小客人若干。

闯关任务

- 猜一猜：爸爸妈妈会送给妹妹什么礼物？
- 想一想：如果你是哥哥，你会对妹妹说什么？
- 说一说：你上一次过生日时许了什么愿望？
- 请你选择并扮演角色，在设定的情境中用沪语自由地交流和互动。

观察要点

1. 幼儿能否尝试用沪语向同伴或教师表达自己的需求。
2. 幼儿能否根据已有的生活经验，在游戏中进行模仿和展示。

游戏实录

　　扮演"爸爸"的敏敏开心地说："我家宝宝今天过生日，我们给她准备了一个很大的奶油蛋糕。"这时，我插问道："你们知道'奶油蛋糕''生日快乐'用上海话怎么说吗？"大家展开了热烈的讨论。

　　莉莉细声细气地用上海话说："奶油蛋糕，生日快乐。"

　　游游说："好像不对，'生日'要这样说……"

　　贝贝说："我知道！是这样说的……"

　　我说了一遍，小朋友们纷纷跟着念。我继续用问题推进情节，让"小客人"们说说各自送了什么礼物，这下大家热闹了——

　　笑笑说："我送了一只包，祝宝宝生日快乐。"

　　朵朵说："宝宝欢喜吃奶，我送了一罐奶粉。"

　　小西说："我送了一套积木，祝宝宝越来越聪明。"

　　大家越说越开心，气氛达到最高潮时，我说："现在让我们用上海话来唱《生日歌》，祝福宝宝健康快乐，好吗？""好！"于是，一首上海话版的《生日歌》在教室里回响，还穿插着一阵阵银铃般的笑声……

分析与反思

　　教师要善于发现幼儿感兴趣的话题、游戏情节，也可以作为参与者加入到幼儿的游戏中，引导幼儿进行模仿，通过师生互动来激发幼儿的兴趣。

　　适时引导幼儿进行互动，是鼓励他们大胆说沪语的好方法。教师在这个过程中，要实时观察并及时给予支持，适当帮助那些想说却不敢说、说不好的孩子，示范和鼓励也是促进模仿和交流的有效手段。

　　案例中改编《生日歌》的方式既帮助幼儿习得了方言，又将游戏的氛围推向了高潮。

故事表演

盲人摸象

从前，有一个国王，他让别人牵来一头大象，然后叫几位盲人去摸。

他问这些盲人："你们来说说看，大象长什么样？"

有位盲人摸到了象牙，就说大象长得像根萝卜。

有位盲人摸到了大象的鼻子，就说大象长得像根管子。

有位盲人摸到了大象的耳朵，就说大象长得像把扇子。

有位盲人摸到了大象的头，就说大象长得像块石头。

有位盲人摸到了大象的背，就说大象长得像张床。

有位盲人摸到了大象的身体，就说大象长得像堵墙壁。

有位盲人摸到了大象的腿，就说大象长得像根柱子。

有位盲人摸到了大象的尾巴，就说大象长得像根绳子。

国王和所有在场的人都忍不住哈哈大笑。

这个故事告诉我们：看东西，做事情，要了解清楚整体，否则就可能闹笑话。

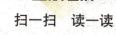

扫一扫　读一读

活动目标

1. 锻炼幼儿利用图片和文字进行表述的能力,训练其思维的灵活性。
2. 用生活化的、符合幼儿认知水平的语言表述,帮助幼儿体会成语故事中包含的道理,加深对中华优秀传统文化的喜爱之情。

活动准备

一张放大的大象图片。

活动过程

1. 出示故事画面,引导幼儿观察、讲述,导入故事。
(1)请幼儿看着画面,说说每位盲人摸到的分别是大象身体的什么部位。
(2)梳理故事内容,请幼儿用沪语说说以下几个词汇。

　　大象　萝卜　扇子　石头　墙壁　绳子

2. 根据画面讲故事。
(1)分别用普通话和沪语讲述故事,让幼儿感受同一个词汇的不同发音和关联。
(2)注意不同角色的语音、语速和语调。
3. 加深幼儿的体验。
(1)让幼儿学习有感情地、生动地讲述故事,可配上背景音乐。
(2)对照大象图片,请幼儿说出大象身体的各个部位。
(3)请幼儿闭上眼睛,想象一下自己在摸大象,并把想象中触摸的感受表达出来。
4. 游戏和互动。
(1)请多名幼儿上台分别扮演故事中的几位盲人,另请一名幼儿讲述故事。
(2)引导幼儿认识到:凡事要多学习、多请教,看清全貌,才能下结论。

我不是个木头人（一）

陈琪敬

我不是个木头人，如果妈妈说："一二三，你是一个木头人，不许说话不许动！"我会怎么样呢？我的身体静静地贴在角落里，心儿却早已飞到了窗外——

小兔子会一动不动吗？不会的！身体没动，但是它的眼珠在叽里骨碌乱转，一定是在想那根丢失的胡萝卜，明年会在哪里发芽呢？

小松鼠会一动不动吗？不会的！身体没动，但是它的大牙在不停地抖啊抖，一定是在想昨天啃的那块烂木头，雨后能不能长出黑木耳呢？

大猩猩会一动不动吗？不会的！身体没动，但是它的脚趾在上下乱动，一定是在想刚才那堆香蕉皮是谁吃剩的，也不给它留一口！

大河马会一动不动吗？不会的！身体没动，但是它的肚子在一鼓一鼓的，一定是在想刚才不小心睡着了，是谁在它的嘴边画上了两撇小胡子？

小花狗会一动不动吗？不会的。身体没动，但是它的舌头伸在嘴边一颤一颤的，一定是在想赶紧结束游戏，可别让隔壁的小猫抢占了主人新添置的长毛地毯。

大灰象会一动不动吗？不会的。身体没动，但是它的耳朵在不停地扇啊扇，一定是在恼恨自己不小心沾上了小熊爱吃的蜂蜜，蚂蚁才会偷偷爬进它的耳朵里。

扫一扫　读一读

活动目标

1. 锻炼幼儿利用图片和文字进行表述的能力，训练其思维的灵活性。
2. 提高幼儿的游戏参与度，密切其与同伴的关系。
3. 使幼儿体会到参与游戏的快乐。

活动准备

1. 木头人、小兔子、小松鼠、大猩猩、大河马、小花狗、大灰象的布偶若干。
2. 合适的配乐。

活动过程

1. 出示故事画面，引导幼儿观察、讲述，导入故事。
（1）请幼儿说出看到的画面内容。
（2）幼儿选择动物角色并分组（以便稍后扮演）；梳理故事内容，请幼儿用沪语念一念以下这几个词和词组。

　　角落　眼珠　黑木耳　脚趾　两撇小胡子　隔壁　恼恨

2. 根据画面讲故事。
（1）请各组幼儿模仿相应动物的动作，比如模仿大象扇动自己的耳朵。
（2）设计故事中各种动物生动有趣的角色性格。
（3）注意不同角色的语音、语速和语调。

3. 加深幼儿对游戏的体验。
（1）用提问的方式帮助幼儿理解故事内容。
（2）邀请幼儿上台讲述，其他幼儿根据故事内容做出相应动作。
（3）让幼儿学习有感情地、生动地讲述故事，并配上背景音乐。

4. 游戏和互动。
（1）引导幼儿了解不同动物的形象特征，模仿故事中动物的动作。
（2）给予幼儿用沪语自由讨论的时间，教师巡回倾听。
（3）请幼儿分组上台表演。
（4）请幼儿想想动物们还有哪些身体部位会动，并试着用沪语讲述。

我不是个木头人（二）

陈琪敬

大熊猫会一动不动吗？不会的！身体没动，但是它的鼻子在不停地闻啊闻，一定是闻到了巧克力竹子的味道，很想找到那个秘密配方到底藏在哪里。

猫头鹰会一动不动吗？不会的！身体没动，但是它的睫毛在不停地忽闪忽闪，一定是看到小田鼠的玉米蛋糕做好了，很想尝尝，可又担心会吓到小田鼠，到时候蛋糕掉在地上，谁都吃不到。

大鳄鱼会一动不动吗？不会的！身体没动，但是它的尾巴在微微地左右摇摆，一定是在害怕小青蛙跑到它身后挠痒痒，到时候它不想大笑也得笑。

我会一动不动吗？不会的！身体没动，但是我的嘴巴在不停地往外吐泡泡。吐泡泡是我在学小鱼，想忘掉妈妈对我皱起的眉头、拔高的声调！

其实，我还想对妈妈说，我把新手机扔到水里，只是想给它洗个澡。

扫一扫　读一读

活动目标

1. 锻炼幼儿利用图片和文字进行表述的能力，训练其思维的灵活性。
2. 提高幼儿的游戏参与度，培养其与同伴的亲密关系。
3. 使幼儿体会到参与游戏的快乐。

活动准备

1. 木头人、小兔子、小松鼠、大猩猩、大河马、小花狗、大灰象、大熊猫、猫头鹰、大鳄鱼的布偶若干。
2. 合适的配乐。

活动过程

1. 出示故事画面，引导幼儿观察、讲述，导入故事。
（1）请幼儿说出看到的画面内容。
（2）幼儿选择动物角色并分组（以便稍后扮演）；梳理故事内容，用沪语念一念以下这几个词和词组。

　　秘密　睫毛　鳄鱼　眉头　洗个澡

（3）巩固上一节课的词汇。

　　角落　眼珠　黑木耳　脚趾　两撇小胡子　隔壁　恼恨

2. 根据画面讲故事。
（1）请各组幼儿模仿相应动物的动作，比如模仿大熊猫耸耸自己的鼻子。
（2）设计故事中各种动物生动有趣的角色性格。
（3）注意不同角色的语音、语速和语调。

3. 加深幼儿对游戏的体验。
（1）用提问的方式帮助幼儿理解故事内容。
（2）邀请幼儿上台讲述，其他幼儿根据故事内容做出相应动作，并配上背景音乐。
（3）让幼儿学习有感情地、生动地讲述故事。

4. 游戏和互动。
（1）通过看看、说说、玩玩，帮助幼儿了解不同动物的形象特征，模仿故事中动物的动作。
（2）给予幼儿用沪语自由讨论的时间，教师巡回倾听。
（3）请幼儿分组上台表演。
（4）请幼儿想想动物们还有哪些身体部位会动，并试着用沪语讲述。

5. 结合《我不是个木头人（一）》，配上音乐，讲述完整故事。

117

想要小毯子的小魔女

陈梦敏

小魔女想要张小毯子。

"我来变！"乌龟想尝试一下。乌龟变成了小毯子，可乌龟变成的毯子硬邦邦。

"我来变！"青蛙跃跃欲试。青蛙变成了小毯子，可青蛙变成的毯子滑溜溜。

"我来变！"刺猬自告奋勇。刺猬变成了小毯子，可刺猬变成的毯子扎屁股！

小魔女遇到了小兔子，小兔子拿出一张漂亮的小毯子，说："小魔女，我有一张漂亮的小毯子，我们一起坐在毯子上喝茶吧！"

小魔女把乌龟、青蛙和刺猬又变了回来，大家一起度过了美好的下午茶时间。

扫一扫　读一读

活动目标

1. 锻炼幼儿利用图片和文字进行表述的能力，训练其思维的灵活性。
2. 引导幼儿感受故事中人物的心理变化，学会角色转换。
3. 引导幼儿体会到与同伴共同讲述故事、共同游戏的快乐。
4. 引导幼儿懂得分享带来快乐。

活动准备

1. 让每个幼儿备好一张画纸、水彩笔若干，以便稍后画毯子。
2. 乌龟、青蛙、刺猬、兔子的动物头饰若干。

活动过程

1. 出示故事画面，引导幼儿观察、讲述，导入故事。
（1）请幼儿说出看到的画面内容。
（2）梳理故事内容，请幼儿用沪语念一念这几个词。

乌龟　硬邦邦　青蛙　滑溜溜　刺猬　扎屁股　喝茶

2. 根据画面讲故事。
（1）分别用普通话和沪语讲述故事，让幼儿感受同一个词汇的不同发音和关联。
（2）注意不同角色的语音、语速和语调。

3. 加深幼儿对游戏的体验。
（1）让幼儿画一张小毯子。
（2）鼓励幼儿用沪语邀请周围的同伴扮演动物角色。
（3）让幼儿学习有感情地、生动地讲述故事，并配上背景音乐。

4. 游戏和互动。
（1）请幼儿利用自己画的小毯子，分角色表演故事内容。
（2）以启发、提问、提醒等方式，引导幼儿在游戏中通过语言表达自己的情感。

后　记

　　在上海市教育委员会的指导下，上海市语言文字水平测试中心、上海教育报刊总社《好儿童画报》杂志组织方言、文化、幼教、儿童文学等方面的专家，编写了《幼儿传承上海方言文化教育资料包》，以"沟通基础""文化视野""综合活动"为基本框架，贴合幼儿生活，兼具趣味性和教育性。

　　在编写本书的过程中，我们参考了《上海文化与方言知识读本》（立信出版社），部分童谣选自《阿拉上海人——幼儿乡土文化教育参考资料》（上海教育出版社）。陈全娣、吴斐儿、沈天择、康嘉宸、徐蓉等专家和上海市徐汇区紫薇实验幼儿园、上海市嘉定区中福会新城幼儿园、上海市杨浦区延吉幼儿园、上海市金山区实验幼儿园、上海市闵行区一品漫成幼儿园、上海市宝山区红星幼儿园等幼儿园为本资料包提供了录音和文本，《好儿童画报》编辑王轶美、陆海珠、戴艺贝、季乐蔚、陈薇嘉、黄新壹也为本书编写做了许多工作，在此特致谢忱。

《幼儿传承上海方言文化教育资料包》编写组